Berufsunfähigkeit gezielt absichern

Berufsunfähigkeit gezielt absichern

Stiftung Warentest

Verbraucher-Zentrale NRW

Bibliografische Information Der Deutschen Bibliothek

1. Auflage

Verbraucher-Zentrale Nordrhein-Westfalen
ISBN 3-933705-22-3

Stiftung Warentest
ISBN 3-931908-82-8 (broschiert)
ISBN 3-931908-81-x (gebunden)

Zu diesem Buch

Berufsunfähig – daran will man eigentlich gar nicht denken. Ist das der Grund, weshalb sich nur vergleichsweise wenige gegen dieses existenzielle Risiko abgesichert haben? Möglich.

Andererseits wurden in der Vergangenheit immerhin fast 30 Millionen private Unfallversicherungen abgeschlossen. Das spricht dafür, dass sich die Deutschen sehr wohl mit den Folgen existenzbedrohender Risiken beschäftigen. Nur haben sie sich bislang dagegen völlig falsch versichert. Denn zu über 90 Prozent sind Krankheiten – und eben nicht Unfälle – der Grund für eine Berufsunfähigkeit: Gelenkerkrankungen, psychische Krankheiten, Krebs, Schlaganfall, schweres Rheuma, Herzinfarkt ... Und genau in diesen Fällen hilft eine Unfallversicherung nicht.

Dann brauchen Sie eine Berufsunfähigkeitsversicherung, die zahlt, wenn Sie Ihren Job nicht mehr ausüben können, egal aus welchem Grund. Für eine so wichtige Versicherung gibt es aber gerade einmal 15 Millionen Verträge. Berücksichtigt man zudem, dass bislang vor allem Selbständige und Freiberufler eine solche Versicherung abgeschlossen haben, erscheint die Absicherung der Arbeitnehmer mehr als dürftig. Versichert haben sie zudem völlig ungenügende Monatsrenten von durchschnittlich weniger als 500 Euro. Von Existenzsicherung kann also keine Rede sein.

Dabei handelt es sich bei der Berufsunfähigkeitsversicherung – neben der Privathaftpflicht – um die wichtigste private Versicherung überhaupt, sogar noch wichtiger als die in jüngster Zeit viel diskutierte zusätzliche private Altersvorsorge. Es gilt also: Zuerst das Risiko „Verlust der Arbeitskraft" absichern und erst dann zusätzlich für das Alter sparen.

Zu erklären ist der eklatante Mangel in diesem wichtigen Bereich nur durch verbreitete Unkenntnis: Nur 15 Prozent aller Berufstätigen unter 40 Jahren wissen, dass sie im Fall ihrer Berufsunfähigkeit aus der Rentenkasse keinen Cent erhalten, so eine Studie von NFO-Infratest.

Der Mangel ist aber auch die Folge schlechter und häufig sogar falscher Beratung. Versicherungsvertreter, Makler und ein immer größeres Heer von Vermittlern, die für Strukturvertriebe tätig sind, versuchen, ihren Kunden jeden noch freien Cent aus der Tasche zu ziehen. Ergebnis: Tendenziell sind die meisten Deutschen sogar eher über- als unterversichert, stolze 2 771 Euro gab laut FINANZtest jeder Haushalt im Jahr 2002 für Versicherungsbeiträge aus. Nur haben sie sich meist für überteuerte Policen und sehr häufig auch für recht unwichtigen Versicherungsschutz bis hin zu überflüssigen Verträgen wie Insassenunfall- oder Reisegepäckversicherung entschieden und dabei in vielen Fällen das Existenzrisiko „Verlust der Arbeitskraft" übersehen.

Zugegeben, sich richtig gegen dieses Risiko zu versichern, ist nicht einfach. Kaum eine Versicherung ist so schwer zu durchschauen wie eine private Berufsunfähigkeitsversicherung. Es gibt rund 100 Anbieter am Markt, die wiederum oft gleich mehrere Tarife mit sehr unterschiedlichen Bedingungen anbieten.

Häufig präsentieren die Unternehmen sehr ähnlich klingende Tarifnamen wie „Comfort-Buz" oder „Comfort-Buz-plus", die aber sehr unterschiedliche Leistungen bieten. Auch die Spannbreite der Preise lässt sich oft kaum nachvollziehen. So kosten ähnliche Produkte bei einem Anbieter 500 Euro jährlich, beim anderen über 1 500 Euro.

Erschwert wird der Preisvergleich durch die Vielzahl unterschiedlichster Versicherungsbedingungen. Außerdem: Was für den Akademiker gut ist, muss für den Handwerker noch lange nicht taugen. Beamte und Selbständige brauchen andere Produkte als Angestellte. Und wer schon älter ist und/oder bereits Vorerkrankungen hat, der wird die Toptarife, mit denen die Gesellschaften gern werben, vermutlich gar nicht bekommen oder nicht bezahlen können.

Eine FINANZtest-Umfrage ergab: Nur jeder sechste Leser, der eine Berufsunfähigkeitsversicherung abschließen wollte, bekam den gewünschten Vertrag. Ein Drittel wurde wegen Vorerkrankungen glatt abgelehnt. Anderen wurden nur reduzierte Renten oder verkürzte Laufzeiten offeriert oder aber wegen Vorerkrankungen erhebliche Versicherungsausschlüsse zugemutet, die die Versicherung nahezu wertlos gemacht hätten.

Genau hier setzt dieser Ratgeber an. Er zeigt, auf was Sie angesichts Ihrer ganz persönlichen Situation achten sollten und welche Chancen und Risiken die verschiedenen Möglichkeiten der Vertragsgestaltung bieten. Und wie Sie vorgehen können, um sich keine Ablehnung einzuhandeln und unter Umständen auch mit Vorerkrankungen noch an einen Vertrag zu kommen. Dargestellt wird auch, auf was Sie keinesfalls verzichten sollten: möglichst faire Versicherungsbedingungen.

Was der Ratgeber primär nicht leistet, sind Preisvergleiche. Dies vor allem, weil gerade für eine Berufsunfähigkeitsversicherung der Preis nicht das wichtigste Argument sein darf. Was nützt Ihnen eine billige Versicherung, wenn sie im Ernstfall nicht zahlt? Erst wenn Sie angesichts Ihrer speziellen beruflichen und gesundheitlichen Situation die optimale Versicherung ausfindig gemacht haben, sollten Sie nach dem Preis schauen.

Ziel dieses Ratgebers ist es, dass Sie zunächst den für Ihre Situation idealen Produktzuschnitt einer guten Berufsunfähigkeitsversicherung finden. Im zweiten Schritt möchten wir Sie in die Lage versetzen, passgenaue Angebote anzufordern, diese zu vergleichen und schließlich den richtigen und möglichst preiswerten Vertrag abzuschließen. Unterstützung finden Sie hierbei auch durch die Untersuchungen der STIFTUNG WARENTEST in der Zeitschrift FINANZtest.

Inhalt

Berufsunfähigkeit –
das verkannte Risiko

Das Aus kommt oft plötzlich und unwiderruflich: Fritz M. arbeitete mehr als zehn Jahre als angestellter Teppich- und Fußbodenleger. Ohne jegliche Beschwerden. Mit 28 Jahren machte er sich selbständig, alles lief gut. Fünf Jahre später dann die Wende: Die anfangs nur gelegentlich auftretenden Schmerzen in den Knien wurden innerhalb weniger Monate unerträglich. Diagnose: schwerste Knorpelabnutzungen an der Kniescheibe. Dazu kamen chronische Kopfschmerzen. Den Beruf als Bodenleger – mit täglich stundenlangem Arbeiten auf den Knien – konnte Fritz M. unmöglich weiter ausüben, sein Einkommen sackte plötzlich auf null.

Typische Probleme bei plötzlich eintretender Berufsunfähigkeit

Von der gesetzlichen Rentenversicherung ist in einer solchen Situation wenig zu erwarten. Als angestellter Bodenleger hätte M. vermutlich eine halbe Erwerbsminderungsrente (→ Seite 17) erhalten. Doch als Selbständiger, der sich aus der staatlichen Rente verabschiedet hatte, besaß M. noch nicht einmal Anspruch auf diese kümmerliche Mindestabsicherung. Was blieb, war die Hoffnung auf seine private Berufsunfähigkeitsversicherung. Und die zahlte – wenn auch erst nach langwierigen Auseinandersetzungen – am Ende tatsächlich. Der Verkauf des mühsam abbezahlten Häuschens und der Abstieg zum Sozialhilfeempfänger blieben M. erspart. Mit der gesicherten Rentenzahlung konnte er sich voll auf seine medizinischen Behandlungen und eine mögliche berufliche Neuorientierung konzentrieren.

Das Beispiel zeigt die ganze Bandbreite des Problems auf:

- den mangelhaften Berufsunfähigkeitsschutz in der gesetzlichen Rentenversicherung;
- das besonders hohe finanzielle Risiko der Selbständigen;
- die existenziellen Gefahren auch durch zunächst harmlos erscheinende Krankheiten;
- und aus all dem resultierend: die Notwendigkeit einer privaten Berufsunfähigkeitsversicherung.

Was bedeutet Berufsunfähigkeit?

Die Begriffe berufsunfähig und Berufsunfähigkeit werden in diesem Ratgeber in der Regel so gebraucht, wie sie im Zusammenhang mit Ansprüchen aus privaten Berufsunfähigkeitsversicherungen verwendet werden (→ Kasten).

Aktuell ausgeübter Beruf ist maßgebend

In Abgrenzung etwa zur Erwerbsunfähigkeit, die eine allgemeine Unfähigkeit zu jeglicher beruflicher Tätigkeit voraussetzt, geht es hier also eng umrissen um die konkrete Unfähigkeit, dem jeweiligen Beruf nachzugehen. Versichert ist dabei der zuletzt und nicht der zum Zeitpunkt des Versicherungsbeginns ausgeübte Beruf.

Allenfalls eine Verweisung auf vergleichbare Berufe, die jedoch aufgrund Ausbildung und Erfahrung zumutbar sein müssen, ist nach den Bedingungen mancher Versicherungsunternehmen möglich. Eine solche Definition von Berufsunfähigkeit, die die Möglichkeit der so genannten abstrakten Verweisung umfasst, ist für Versicherte allerdings sehr gefährlich. Sie ermöglicht es nämlich dem Versicherer, Rentenzahlungen zu verweigern, wenn er meint, der Versicherte könne zwar nicht mehr die zuletzt ausgeübte Tätigkeit ausüben, dafür aber irgendeine ihm zumutbare andere ergreifen. Ob es in einem solchen Beruf freie Stellen gibt, braucht den Versicherer nicht zu interessieren. Immer mehr Versicherungen sehen jedoch – zumindest für bestimmte Berufsgruppen – einen vollständigen Verzicht auf eine solche Verweisung vor (→ Seite 33).

Die Formulierung „dauerhaft außerstande“ wird zudem von immer mehr Versicherern erfreulicherweise durch „voraussichtlich mindestens sechs Monate ununterbrochen außerstande“ ersetzt. Das heißt: Nach den meisten derzeit den Neuabschlüssen zugrunde liegenden Versicherungsbedingungen wird eine Rente gezahlt, wenn der Versicherte seinen zuletzt ausgeübten Beruf für voraussichtlich sechs Monate nicht mehr ausüben kann und nicht freiwillig einen seiner Stellung und Ausbildung entsprechenden anderen Job ausübt. Erforderlich ist eine vom Versicherer akzeptierte ärztliche Bescheinigung über eine Berufsunfähigkeit von mindestens 50 Prozent (→ Seite 83).

Berufsunfähigkeit

Definiert wird die Berufsunfähigkeit in der Regel in § 2 der jeweiligen Versicherungsbedingungen. Eine typische Formulierung lautet:

„Vollständige Berufsunfähigkeit liegt vor, wenn der Versicherte infolge Krankheit, Körperverletzung oder Kräfteverfalls, die ärztlich nachzuweisen sind, voraussichtlich dauerhaft außerstande ist, seinen Beruf oder eine andere Tätigkeit auszuüben, die aufgrund seiner Ausbildung und Erfahrung (hier heißt es gelegentlich auch: Kenntnisse und Fähigkeiten) ausgeübt werden kann und seiner bisherigen Lebensstellung entspricht.“

Es kann jeden treffen

Das Risiko, berufs- oder sogar erwerbsunfähig zu werden, ist weitaus höher, als die meisten vermuten: Statistisch trifft es jeden vierten Arbeitnehmer lange vor der normalen Altersrente. Schützen kann man sich dagegen so gut wie nicht, allenfalls finanziell absichern. Doch gerade hier klaffen bei den meisten gravierende Lücken. Genaue Zahlen gibt es nicht, doch höchstens jeder vierte Arbeitnehmer dürfte eine private Berufsunfähigkeitsversicherung abgeschlossen haben. Schlimmer noch: Die meisten sind sich über die Risiken und das Ausmaß dieser Versorgungslücken gar nicht bewusst. Zwar haben alle Arbeitnehmer über die gesetzliche Rentenversicherung einen Invaliditätsschutz, doch der – da sind sich alle Experten einig – reicht nicht. Selbst bei Bezug der vollen Erwerbsminderungsrente ersetzt diese bei einem gut verdienenden Angestellten gerade mal ein Viertel seines Bruttogehalts (→ Seite 17).

So weitgehende Versorgungslücken zeigen, dass ein zusätzlicher privater Versicherungsschutz Not tut. Aber nicht irgendein Schutz – Experten raten unbedingt zum Abschluss einer Berufsunfähigkeitsversicherung. Die in der Vergangenheit von der Versicherungsbranche gern und häufig verkauften Unfallversicherungen – immerhin zahlen die Deutschen jährlich rund 5,5 Milliarden Euro für diese Versicherung – nutzen hier wenig, denn Unfälle sind nur zu rund 10 Prozent die Ursache für Berufsunfähigkeit. Zu 90 Prozent sind es Krankheiten, vor allem Rückenleiden, Herz- und Kreislauferkrankungen und zunehmend psychische Erkrankungen (→ Grafik unten), die für ein frühes Aus im bisherigen Job sorgen.

Beispiel: Erhebliche Versorgungslücke

Wer brutto 6 000 Euro im Monat verdient, kann wohl – abhängig vom Verdienst in den ersten Berufsjahren – allenfalls mit einer Erwerbsminderungsrente von 1 500 Euro rechnen. Beim Bezug einer „halben" Rente wären es nur rund 750 Euro. Und das wären dann weniger als 15 Prozent des letzten Bruttoeinkommens.

Auch für Normalverdiener tut sich eine erhebliche Versorgungslücke auf: Wer rund 2 000 Euro brutto verdient, kann bei einer vollen Erwerbsminderungsrente mit 760 Euro pro Monat rechnen. Bekäme er nur die halbe Rente zugesprochen, wären es gerade einmal 380 Euro.

Die fünf häufigsten Ursachen für Berufsunfähigkeit

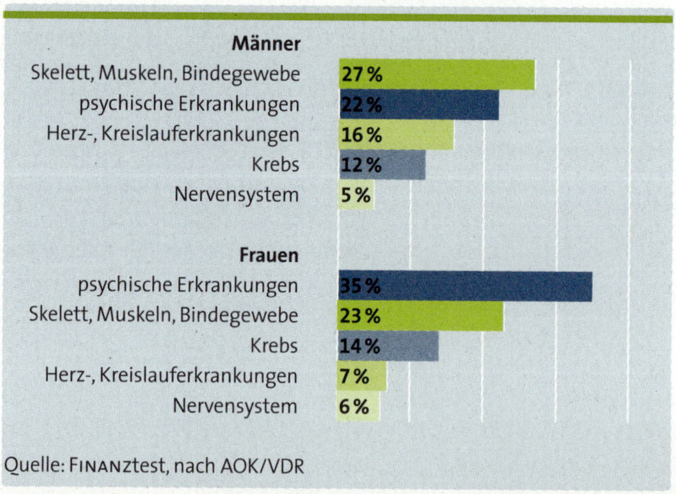

Quelle: Finanztest, nach AOK/VDR

» Ein absolutes Muss

Wolfgang Scholl vom Verbraucherzentrale Bundesverband (vzbv) rät:

„Ein ausreichender Berufsunfähigkeitsschutz ist ein absolutes Muss. Zu dieser Versicherung gibt es praktisch keine Alternative."

Finanziell helfen kann dann nur eine Berufsunfähigkeitsversicherung. Unabhängige Versicherungsexperten halten eine solche Versicherung denn auch – neben einer Privathaftpflichtpolice – für die wichtigste Versicherung überhaupt. Versichert ist übrigens mit einer solchen Versicherung im Ernstfall nicht nur die spätere Rente, sondern auch die beitragsfreie Weiterführung der Hauptversicherung (→ Seite 52).

Bislang wurden aber nach Angaben des Gesamtverbands der deutschen Versicherungswirtschaft (GDV) lediglich rund 15 Millionen solcher Verträge abgeschlossen. Und weil traditionell vor allem Unternehmer und Freiberufler eine solche Versicherung haben, dürfte der Anteil der Arbeitnehmer erschreckend gering sein. An diesem Befund ändern auch die in jüngster Vergangen-

Die gefährlichsten Berufe (1993–1999)

Beruf	Berufsunfähigkeitsrisiko	Rentenzugänge wegen Berufsunfähigkeit*	Rentenzugänge wegen Alters**	Rentenzugänge insgesamt
Fahrzeugreiniger	89,68 %	1651	190	1841
Eisenbahnschaffner	84,40 %	2375	439	2814
Gleisbauer	77,95 %	1552	439	1991
Energiemaschinisten	71,65 %	652	258	910
Estrichleger	71,02 %	451	184	635
Fahrbetriebsregler	67,55 %	3709	1782	5491
Pflasterer	66,79 %	1406	699	2105
Fliesenleger	66,39 %	2837	1436	4273
Stukkateure	65,56 %	3406	1789	5195
Dachdecker	63,76 %	4217	2397	6614
Stauer, Möbelpacker	62,91 %	502	296	798
Straßenreiniger	62,79 %	1836	1088	2924
Gerüstbauer	62,52 %	629	377	1006
Betriebsökonome	60,00 %	18	12	30
Wasserbauwerker	59,79 %	641	431	1072
Gebäudereiniger	59,26 %	1859	1278	3137
Maurer	58,95 %	34985	24362	59347
kaufmänische Angestellte Bergbau	58,93 %	340	237	577
Bauhilfsarbeiter	57,85 %	12313	8970	21283
Betonbauer	57,45 %	3614	2677	6291
Schienenfahrzeugführer	57,40 %	780	579	1359
Erdbewegungsmaschinenführer	57,30 %	2756	2054	4810
Blechschlosser	57,00 %	635	479	1114
Schlachter	56,92 %	7429	5623	13052
Rohrinstallateure	55,76 %	11078	8788	19866

* absolute Zahl der Rentenzugänge in der gesetzlichen Rentenversicherung wegen verminderter Erwerbsfähigkeit

** absolute Zahl der Rentenzugänge in der gesetzlichen Rentenversicherung wegen Alters

Quelle: map-report 2001, www.map-report.com, alle Angaben ohne Gewähr

Die ungefährlichsten Berufe (1993–1999)

Beruf	Berufs-unfähigkeits-risiko	Rentenzugänge wegen Berufs-unfähigkeit*	Rentenzugänge wegen Alters**	Rentenzugänge insgesamt
Hochschullehrer	7,35 %	730	9204	9934
Zahnärzte	7,60 %	204	2480	2684
Richter, Staatsanwälte	8,46 %	92	995	1087
Angehörige geistlicher Orden	8,57 %	432	4610	5042
Ärzte	8,92 %	957	9772	10729
Physiker, Mathematiker	9,20 %	149	1471	1620
Apotheker	9,66 %	438	4098	4536
Ingenieure	9,85 %	7916	72420	80336
Soldaten, Grenzschutz, Polizei	10,11 %	1135	10094	11229
Rechtsberater	10,11 %	450	4002	4452
Fertigungsingenieure	10,23 %	273	2396	2669
Seelsorger	10,56 %	388	3285	3673
Tierärzte	10,84 %	186	1530	1716
Abgeordnete, Minister, Wahlbeamte	10,95 %	336	2733	3069
Leitende Verwaltungsfachleute	11,18 %	1461	11602	13063
Architekten, Bauingenieure	11,36 %	2820	21999	24819
Chemiker	11,53 %	735	5639	6374
Elektroingenieure	11,54 %	658	5045	5703
Geisteswissenschaftler	12,25 %	116	831	947
Naturwissenschaftler	12,62 %	258	1787	2045
Verbandsleiter, Funktionäre	12,72 %	309	2121	2430
Maschinenbauingenieure	12,76 %	960	6564	7524
Journalisten, Schriftsteller	13,88 %	1005	6238	7243
Agraringenieure	14,71 %	214	1241	1455
Unternehmer, Geschäftsführer	14,76 %	22167	128023	150190

* absolute Zahl der Rentenzugänge in der gesetzlichen Rentenversicherung wegen verminderter Erwerbsfähigkeit
** absolute Zahl der Rentenzugänge in der gesetzlichen Rentenversicherung wegen Alters
Quelle: map-report 2001, www.map-report.com, alle Angaben ohne Gewähr

heit – als Reaktion auf die Kürzungen in der gesetzlichen Rentenkasse (→ Seite 16) – deutlich gestiegenen Abschlusszahlen von privaten Berufsunfähigkeitsversicherungen nicht viel.

Versicherte Monatsrenten derzeit im Durchschnitt zu niedrig

Viel zu niedrig sind auch die versicherten Monatsrenten. Im Durchschnitt sind mit einer Berufsunfähigkeits-Zusatzversicherung (→ Seite 52), also der klassischen „BUZ“, nur rund 400 Euro Monatsrente versichert. Bei selbständigen Verträgen, das heißt ohne Kopplung an eine Lebensversicherung, sind es immerhin rund 750 Euro. Doch auch dieser Wert ist für eine ausreichende finanzielle Absicherung zu niedrig.

Fazit: Große Teile der bundesdeutschen Bevölkerung sind gegen das Risiko einer Berufsunfähigkeit kaum oder unzureichend versichert. Im Ernstfall bleibt oft nur die Sozialhilfe.

Der gesetzliche Schutz – kaum mehr als ein Notnagel

›› Nur zusätzliches Bonbon

Der Hamburger Versicherungsberater Rüdiger Falken urteilt: „Der gesetzliche Schutz reicht keinesfalls. Wenn es einen erwischt und man tatsächlich Ansprüche aus der Rentenkasse hat, kann das allenfalls ein zusätzliches Bonbon sein."

Zwar besitzen die rund 35 Millionen Versicherten der gesetzlichen Rentenversicherung einen Basisschutz gegen Invalidität. Doch darauf sollten sie sich keinesfalls verlassen. Schon die in der Vergangenheit gewährten staatlichen Berufs- und Erwerbsunfähigkeitsrenten waren keineswegs üppig. Und mit der jüngsten Rentenreform wurde der gesetzliche Schutz weiter ausgehöhlt. Zum 1. Januar 2001 wurde das bis dahin zweigliedrige System von Berufs- und Erwerbsunfähigkeitsrenten durch die neu eingeführte Erwerbsminderungsrente ersetzt. Gegenüber der alten Regelung wurden die Anspruchsvoraussetzungen verschärft und die Rentenhöhen gesenkt.

Gesetzliche Berufsunfähigkeitsrente abgeschafft

Die gesetzliche Berufsunfähigkeitsrente wurde zum 1. Januar 2001 für alle, die neu ihre Rente einreichen, faktisch abgeschafft. Mit anderen Worten: Der erlernte Beruf spielt grundsätzlich beim gesetzlichen Invaliditätsschutz keine Rolle mehr. Ausnahmen gelten allerdings für ältere Versicherte.

Ein Bäcker beispielsweise, der wegen einer Mehlstauballergie nicht mehr in seinem erlernten Handwerk arbeiten kann, geht jetzt leer aus, bekommt also keine Rente. Auch ein Toningenieur, der nach einem Hörsturz an einem Dauerpfeifen im Ohr leidet

Rentenkasse bleibt geschlossen

Ein von einem Hörsturz betroffener Tontechniker bekommt aus der Rentenkasse keinen Cent – wenn er noch mindestens sechs Stunden täglich irgendeine andere Tätigkeit verrichten kann. Auch ein sozialer und finanzieller Abstieg ist dabei hinzunehmen. Der hoch qualifizierte Ingenieur könnte schließlich noch als Bote oder Pförtner arbeiten. Ob es eine solche Stelle für ihn gibt, ist der Rentenversicherung gleichgültig.

Vertrauensschutz für Ältere

Keine Sorge müssen sich all jene machen, die bereits *vor* der gesetzlichen Neuregelung eine Berufs- oder Erwerbsminderungsrente bezogen haben. Sie wird in voller Höhe weiter gezahlt. Vertrauensschutz genießen auch alle vor dem 2. Januar 1961 geborenen gesetzlich Versicherten. Können sie in ihrem erlernten Beruf nicht mehr arbeiten, bekommen sie auch künftig als Folge dieser Berufsunfähigkeit eine Rente, die allerdings rund 25 Prozent niedriger als die nach altem Recht gewährte gesetzliche Berufsunfähigkeitsrente ausfällt.

und seinen Beruf nicht mehr ausüben kann, erhält aus der gesetzlichen Rente keinen Cent. Das gilt immer dann, wenn der Bäcker oder der Tontechniker noch mindestens sechs Stunden pro Tag irgendeine andere Arbeit verrichten könnte. Und davon ist normalerweise auszugehen. Ob es diese Arbeit tatsächlich gibt und die erkrankten Arbeitnehmer gegebenenfalls diese Stelle auch bekommen könnten oder tatsächlich bekommen, ist für die Rentenversicherung unerheblich. Eine Rente würde der Bäcker beziehungsweise der Tontechniker nur bekommen, wenn er vor dem 2. Januar 1961 geboren ist – dann profitierte er als Altversicherter von einer Sonderregelung (→ Kasten Seite 16).

Kriterien für Gewährung einer Invalidenrente verschärft

Entscheidend dafür, ob eine Invalidenrente aus der Rentenkasse gewährt wird, ist allein, ob sich ein Arbeitnehmer „auf dem allgemeinen Arbeitsmarkt" noch einsetzen lässt. Ausbildung und Bezahlung spielen keine Rolle mehr. Konsequenz: Auch hoch qualifizierte Arbeitnehmer können, wenn sie noch erwerbsfähig sind, auf einfachste Tätigkeiten „verwiesen" werden und erhalten bei Berufsunfähigkeit kein Geld mehr aus der gesetzlichen Rentenversicherung.

Die neue Erwerbsminderungsrente

Mit dem 1. Januar 2001 wurde für alle Neurentner nicht nur die gesetzliche Berufsunfähigkeitsrente, sondern auch die Erwerbsunfähigkeitsrente abgeschafft. Ersetzt wurden diese bisherigen Rentenarten durch die neu geschaffene Erwerbsminderungsrente. Ob und wie viel Erwerbsminderungsrente gezahlt wird, hängt allein vom „Restleistungsvermögen auf dem allgemeinen Arbeitsmarkt" ab.

Anspruch auf die volle Erwerbsminderungsrente hat nur, wer nicht mehr in der Lage ist, drei Stunden täglich zu arbeiten. Die halbe Erwerbsminderungsrente bekommt, wer noch zwischen drei und sechs Stunden täglich arbeiten kann. Keine Rente erhält, wer noch mindestens sechs Stunden täglich arbeiten könnte. Zur Erinnerung: Maßstab für das Restleistungsvermögen ist nicht der bisherige Beruf, sondern jede nur denkbare – also auch weniger anstrengende – Tätigkeit.

Zweistufige Erwerbsminderungsrente

Als Maßstab dient das verbliebene tägliche Leistungsvermögen in Stunden:

- Volle Erwerbsminderungsrente bei weniger als drei Stunden
- Halbe Erwerbsminderungsrente bei mindestens drei Stunden, aber weniger als sechs Stunden
- Keine Erwerbsminderungsrente bei mindestens sechs Stunden

Das heißt für den von einem Hörsturz betroffenen Toningenieur: Wenn sein Restleistungsvermögen nach ärztlichem Gutachten noch mindestens sechs Stunden pro Tag beträgt, bekommt er keine Rente. Auch ein sozialer und finanzieller Abstieg ist dabei hinzunehmen.

Berechnung der Erwerbsminderungsrenten

Die Höhe der Erwerbsminderungsrente hängt ähnlich wie die spätere Altersrente vom persönlichen Einkommen und der Anzahl der Versicherungsjahre ab. Bei einer dauerhaften schweren Erkrankung schon in jungen Jahren würden dann allerdings nur wenige Jahre angerechnet, und die Erwerbsminderungsrente läge extrem niedrig. Damit das nicht passiert, bekommt der Erwerbsgeminderte die Zeit von der Erkrankung bis zum 60. Lebensjahr als „Zurechnungszeit" quasi geschenkt. Wer zum Beispiel mit 22 Jahren anfängt zu arbeiten und mit 30 invalide wird, bekommt nicht nur acht, sondern 38 Jahre angerechnet. Allerdings werden diese Jahre allesamt nur mit dem Einkommen der ersten Berufsjahre berücksichtigt, und das ist in der Regel noch relativ niedrig.

Erwerbsminderungsrenten zum Lebensunterhalt nicht ausreichend

Alles in allem sollten sich Arbeitnehmer keine Illusionen machen: Die Erwerbsminderungsrente, so sie überhaupt bewilligt wird, fällt trotz der gewährten Zurechnungszeiten erschreckend niedrig aus, zumal sie – wegen des vorzeitigen Rentenbeginns – noch um 10,8 Prozent gekürzt wird. Knapp 200 000 Versicherte erhielten beispielsweise im Jahr 2002 erstmals eine Erwerbsminderungsrente zugesprochen. Die durchschnittliche Monatsrente: gerade mal 658 Euro. Davon lässt sich wohl kaum eine Familie ernähren. Hinter diesen Durchschnittswerten verbirgt sich natürlich eine Vielzahl sehr unterschiedlicher Versichertenbiografien – mit individuellen Einkommen und Versicherungslaufzeiten. Die folgenden Beispiele zeigen jedoch, dass auch Versicherte mit gutem oder sehr gutem Gehalt nicht allzu viel erwarten sollten.

- **Beispiel 1:** Nach zehn Berufsjahren erleidet eine 30-jährige kaufmännische Angestellte einen Schlaganfall. Bereits in jungen Jahren hat sie recht ordentlich verdient und stets das Durchschnittsgehalt aller gesetzlich Versicherten erreicht, zuletzt 28 500 Euro jährlich. Wenn sie vollständig erwerbsgemindert ist und die volle Erwerbsminderungsrente erhält, bekommt sie rund 900 Euro monatlich.
- **Beispiel 2:** Mit 45 Jahren scheidet ein bis dato hochbezahlter EDV-Ingenieur mit einer Nervenerkrankung aus einem Softwareunternehmen aus. Sofort nach dem Studium hatte er Spitzengehälter bezogen und 20 Jahre lang Höchstbeiträge in die Rentenkasse bezahlt, zuletzt inklusive Arbeitgeberbeitrag 994,50 Euro monatlich (= 19,5 Prozent der Beitragsbemessungsgrenze von derzeit 5 100 Euro im Monat). Sein letztes Bruttogehalt betrug 6 000 Euro monatlich. Da seine Restarbeitsfähigkeit in einem weniger stressigen Job noch mindestens drei Stunden täglich beträgt, bekommt er eine halbe Erwerbs-

Zum Sterben zu viel ... zum Leben zu wenig

Durchschnittliche Höhe der Erwerbsminderungsrente in Euro

	wegen **teilweiser** Erwerbsminderung		wegen **voller** Erwerbsminderung	
	Männer	Frauen	Männer	Frauen
alte Bundesländer	616	428	863	653
neue Bundesländer	503	476	760	665

Quelle: VDR; Stand: 31. Dezember 2002

minderungsrente, in seinem Fall 750 Euro. Findet er nachweislich ein Jahr lang keinen Teilzeitjob, erhält er nach derzeitiger Rechtslage sogar die volle Rente von 1500 Euro. Wird ihm jedoch ärztlich bescheinigt, dass er anderswo noch sechs Stunden arbeiten könnte, bekäme er gar keine Erwerbsminderungsrente.

In Zukunft: Jährliche Renteninformation zeigt erworbene Ansprüche auf

Wie hoch Ihre persönliche Versorgungslücke – gemessen am jetzigen Einkommen – im Fall einer anerkannten Erwerbsminderung ist, erfahren Sie von Ihrem Rentenversicherungsträger, also in der Regel von der Bundesversicherungsanstalt für Angestellte (BfA) oder von der Landesversicherungsanstalt (LVA). Denn jeder gesetzlich Rentenversicherte ab 27 Jahren hat einen Anspruch auf eine Renteninformation. Der Rentenversicherungsträger informiert über den Stand der bislang erworbenen Rentenanwartschaften und gibt eine Prognose, wie sich diese bis zum angenommenen Renteneintrittsalter von 65 Jahren entwickeln. Mitgeteilt wird auch der aktuelle Anspruch auf eine Erwerbsminderungsrente. Ab 2005 soll jeder Versicherte jährlich eine solche Renteninformation bekommen. Wer bislang keine erhalten hat, kann sie bis dahin kostenlos bei seinem Rentenversicherungsträger anfordern.

Achtung: Wartezeit!

Voraussetzung für eine Erwerbsminderungsrente ist eine Wartezeit von fünf Jahren. Das heißt: Mindestens 60 Monate lang muss der Erkrankte zuvor Beiträge in die Rentenkasse gezahlt haben, davon wiederum mindestens 36 Monate, also drei Jahre Pflichtbeiträge in den letzten fünf Jahren vor der Erkrankung.

Vor allem Berufsanfänger und -aussteiger betroffen

Dies bedeutet zum einen, dass Berufsanfänger noch keinen Anspruch auf eine Erwerbsminderungsrente haben. Zum anderen gehen aber auch diejenigen Männer und Frauen leer aus, die für mehrere Jahre aus dem Beruf aussteigen und bei denen sich dadurch Lücken in den Versicherungszeiten auftun. Auch wenn Sie also in der Vergangenheit schon wesentlich mehr als fünf Jahre versicherungspflichtig gearbeitet haben, bekommen Sie gegebenenfalls in den ersten drei Jahren des „Neustarts“ keine Erwerbsminderungsrente. Unschädlich ist hingegen eine bis zu dreijährige Babypause. Diese Kindererziehungszeit gilt ebenso wie Wehr- oder Zivildienst sowie Zeiten, in denen

Kranken- oder Arbeitslosengeld bezogen wurde, als Pflichtbeitragszeit. All diese Zeiten verursachen keine Lücken, schmälern also nicht die Anwartschaft auf eine Erwerbsminderungsrente.

Zahlung von freiwilligen Rentenbeiträgen

Auch wer freiwillig zeitweise aus dem Berufsleben ausscheidet oder zeitweise in Ausland arbeitet, kann seine Anwartschaft auf eine Erwerbsminderungsrente aufrecht erhalten und zudem die Altersrente geringfügig steigern, indem er freiwillige Beiträge in die Rentenkasse zahlt. Der Mindestbeitrag hierfür beträgt derzeit (bis 31. Dezember 2003) 63,38 Euro monatlich.

Keine Rolle spielt die fünfjährige Wartezeit jedoch im Fall eines Arbeitsunfalls. Wer also an seinem ersten Arbeitstag einen Arbeitsunfall erleidet, hat Anspruch auf Leistungen aus der gesetzlichen Unfallversicherung.

Erwerbsminderungsrente auch für Selbständige

Eine Erwerbsminderungsrente können nicht nur Arbeitnehmer, sondern auch Selbständige bekommen. Sie müssen allerdings vor einer Erkrankung die erforderlichen Pflichtbeiträge bezahlt haben.

Basisschutz durch freiwillige Pflichtbeiträge

Wer sich also selbständig machen will, sollte genau prüfen, ob er sich aus der Versichertengemeinschaft verabschiedet oder weiter auf Antrag Pflichtbeiträge zahlt. Gerade ältere Selbständige, die vielfach schon Vorerkrankungen haben, können sich auf diese Weise einen Basisschutz für den Fall einer schweren Erkrankung erhalten.

Weil Selbständige keinen Arbeitgeberzuschuss erhalten, ist ihr Rentenbeitrag, verglichen mit Arbeitnehmern, doppelt so

Auf Nummer sicher gehen

Ein Dachdecker macht sich mit 42 Jahren selbständig. Derzeit ist er gesund, er hat aber in der Vergangenheit bereits einen Bandscheibenvorfall erlitten. Da er zudem als Dachdecker einen Risikoberuf ausübt, dürfte er große Schwierigkeiten haben, eine private Berufsunfähigkeitsversicherung zu finden, die ihn aufnimmt. Also entscheidet er sich dafür, freiwillig in der gesetzlichen Rentenversicherung zu bleiben. Das sichert ihm immerhin einen Minimalschutz bei Erwerbsminderung, wichtige Ansprüche auf Kur- und Reha-Leistungen und natürlich auch die spätere normale Altersrente.

Außerdem sollte der Dachdecker als freiwilliges Mitglied in der Berufsgenossenschaft bleiben. Damit sichert er sich Ansprüche im Fall eines Unfalls.

So viel bringt der Regelbeitrag

Selbständige können auf Antrag den Regelbeitrag zahlen, derzeit monatlich 464,10 Euro in den alten und 389,03 Euro in den neuen Bundesländern (Stand: 1. Januar 2003). Damit bleiben die erworbenen gesetzlichen Ansprüche erhalten und die Vorsorge ist bezahlbar. Ein Beispiel: Ein Handwerker hat vom 15. bis zum 40. Lebensjahr angestellt gearbeitet und dabei stets durchschnittlich verdient, macht sich dann selbständig und zahlt fortan den Regelbeitrag. Bei voller Erwerbsminderung hätte er einen Anspruch auf rund 1 040 Euro Rente monatlich.

hoch. Viele Handwerker und Gewerbetreibende sind damit finanziell überfordert. Die Lösung: Sie können auf Antrag den niedrigeren Regelbeitrag – derzeit monatlich 464,10 Euro in den alten und 389,03 Euro in den neuen Bundesländern – bezahlen. Mit dem Regelbeitrag erwerben Selbständige Rentenansprüche in der Höhe eines Durchschnittsverdieners – das durchschnittliche Gehalt beträgt derzeit 28 518 Euro jährlich – in der gesetzlichen Rentenversicherung.

Handwerker in der gesetzlichen Rentenversicherung

Für Handwerker, die ohnehin 18 Jahre – inklusive Ausbildung – in der Rentenversicherung pflichtversichert bleiben müssen, ist dies ein bezahlbarer Weg, die bis dahin erworbenen Ansprüche zu wahren.

Da es für Handwerker, zumal in fortgeschrittenem Alter, oft sehr schwierig ist, überhaupt noch eine private Berufsunfähigkeitsversicherung zu finden, sollten sie also keinesfalls voreilig die gesetzliche Rentenversicherung verlassen. Zusätzlich gilt: In den ersten drei Jahren nach Existenzgründung müssen Selbständige auf Antrag sogar nur den halben Regelbeitrag zahlen, also 232,05 Euro in den alten und 194,51 Euro in den neuen Bundesländern. Damit werden allerdings auch geringere Ansprüche erworben.

Ab wann und wie lange wird Erwerbsminderungsrente gezahlt?

Rentenzahlungen grundsätzlich erst ab dem siebten Monat nach Eintritt der Erwerbsminderung

Grundsätzlich wird die gesetzliche Erwerbsminderungsrente erst mit Beginn des siebten Kalendermonats nach Eintritt der Erwerbsminderung gezahlt. Das ist in der Regel auch kein Problem, denn zunächst erhalten erkrankte Arbeitnehmer sechs Wochen lang die Lohnfortzahlung ihres Arbeitgebers. Danach zahlt die gesetzliche Krankenkasse das Krankengeld.

Ein Problem stellt die Wartefrist allerdings für privat Krankenversicherte dar. Haben sie keinen Anspruch auf Krankentagegeld, bekommen sie rund viereinhalb Monate lang kein Geld – bei Selbständigen sind es sogar sechs Monate.

Überprüfung regelmäßig nach drei Jahren

Nur in Ausnahmefällen wird eine Erwerbsminderungsrente sofort zeitlich unbefristet gewährt. Normalerweise handelt es sich um eine Zeitrente, die nach Ablauf von drei Jahren überprüft wird. Nach neun Jahren Rentenbezug wird sie jedoch zur Dauerrente. Mit dem 65. Geburtstag des Versicherten wird die Erwerbsminderungsrente in eine normale Altersrente umgewandelt. Die Höhe bleibt hierbei in der Regel unverändert.

Wie kann ein Rentenanspruch durchgesetzt werden?

Die Rentenversicherungsträger – also beispielsweise die BfA oder LVA – geben derzeit lediglich 50 Prozent der Anträge auf Erwerbsminderungsrente statt. Leicht ist es nicht, eine solche Rente durchzusetzen – und mitunter sehr langwierig. Allerdings gibt es anders als bei privaten Berufsunfähigkeitsversicherungen bei der gesetzlichen Rentenversicherung mehrere kostenfreie Wege, gegen einen Ablehnungsbescheid anzugehen.

Widerspruch gegen Ablehnungsbescheid

Zunächst kann gegen die Ablehnung des Rentenversicherungsträgers innerhalb eines Monats Widerspruch beim Rentenversicherungsträger eingelegt werden. Wichtig ist, dass dies schriftlich erfolgt, ein Anruf reicht nicht. Der Versicherte kann auch zur Auskunfts- und Beratungsstelle der Rentenversicherung gehen. Dort wird der Widerspruch zu Protokoll genommen und muss nur noch vom Versicherten unterschrieben werden. Daraufhin werden sämtliche Unterlagen noch einmal geprüft und neu bewertet. Es können neue Tatsachen vorgebracht werden, und notfalls wird ein neues Gutachten eingeholt. In rund 30 Prozent der Widerspruchsverfahren wird nach dieser erneuten Prüfung der Bescheid zugunsten des Versicherten geändert und eine Rente gezahlt.

Klagemöglichkeit vor Sozialgericht

Wird die Rente weiterhin abgelehnt, kann der Versicherte vor dem Sozialgericht und möglicherweise auch vor dem Landessozialgericht klagen. Das Verfahren ist in beiden Fällen kostenlos, und es besteht kein Anwaltszwang. Der Versicherte kann sich also selbst vor Gericht vertreten. Auch vor den Sozialgerichten stehen die Chancen für die Versicherten nicht schlecht. In rund 50 Prozent aller Fälle bekommen sie nach Angaben der BfA entweder durch Urteil, Vergleich oder Anerkenntnis des Rententrägers doch eine Rente.

Sonderfall Hausfrauen und Hausmänner

Wenn eine Hausfrau oder ein Hausmann dauerhaft schwer erkrankt, ergeben sich unweigerlich erhebliche Probleme: Kinder müssen weiterhin versorgt werden. Der berufstätige Partner kann seinen Beruf nicht aufgeben. Und eine professionelle Vollzeit-Haushaltshilfe lässt sich von einem Gehalt praktisch nicht bezahlen. Von der gesetzlichen Rentenversicherung ist da nichts zu erwarten. Schließlich bezieht die Hausfrau oder der Hausmann ja kein Gehalt und ist folglich auch nicht pflichtversichert.

Privater Versicherungsschutz ist teuer

Bis vor wenigen Jahren gab es für diesen Personenkreis keine privaten Versicherungsangebote. Das hat sich inzwischen geändert: Zahlreiche Versicherungen bieten heute eine Berufsunfähigkeitsrente auch für Hausfrauen und -männer an. Allerdings ist ein solcher Schutz nicht ganz billig, und versichern lässt sich derzeit bei den meisten Anbietern nur eine maximale Rente von 1 000 Euro monatlich (→ Seite 139). Zudem gibt es noch so gut wie keine Erfahrungswerte, wie problemlos eine Rente als „Hausmann“ oder „Hausfrau“ in der Praxis anerkannt werden wird.

Ein solcher spezieller Schutz für Hausfrauen und -männer macht also prinzipiell Sinn; allerdings ist er derzeit noch relativ teuer und viele werden ihn sich nicht leisten können.

Wenig Sinn macht ein solcher „Hausfrauentarif“ für alle, die bereits vor ihrer Phase als Hausmann oder Hausfrau berufstätig waren und schon eine Berufsunfähigkeitsversicherung besitzen. Dieser Schutz sollte unbedingt erhalten werden. Vermutlich ist dies billiger als ein neuer Vertrag, dem naturgemäß ein höheres Eintrittsalter zugrunde liegen würde.

» Berufsunfähigkeitsversicherung für Hausfrauen?

Elke Weidenbach, Versicherungsexpertin der Verbraucher-Zentrale NRW, urteilt: „Die Tarife für Hausfrauen oder Hausmänner sind recht teuer, weil dieser Beruf als riskant eingestuft wird. Daher dürfte es einer Normalfamilie schwer fallen, neben dem Ernährer – denn der sollte auf jeden Fall einen Berufsunfähigkeitsschutz haben – ein zweite relativ teure Versicherung zu bedienen. Außerdem ist zu bedenken, dass der Anteil der Unfälle im privaten Haushalt relativ hoch ist. Wer also den Hausmann oder die Hausfrau absichern möchte, könnte auch über eine Unfallversicherung nachdenken. Die ist in jedem Fall preiswerter. Allerdings bietet sie für ‚normale‘ Erkrankungen mit anschließender Berufsunfähigkeit keinen Versicherungsschutz.“

Sonderfall Beamte

Im Prinzip ist es bei der Invalidität genau wie bei der normalen Altersversorgung. Vater Staat sorgt (noch) deutlich besser für seine Beamten als die gesetzliche Rentenversicherung für Arbeiter und Angestellte. Grundsätzlich haben deshalb Beamte einen deutlich geringeren Bedarf an einer privaten Berufsunfähigkeitsversicherung als gesetzlich Rentenversicherte.

Ruhegehalt bei Dienstunfähigkeit

Beamte werden offiziell nicht „berufsunfähig", sondern „dienstunfähig". Und sie bekommen dann keine Rente, sondern ein Ruhegehalt. Dieses Ruhegehalt steigt mit jedem Dienstjahr und erreicht nach 40 Jahren rund 75 Prozent des letzten ruhegehaltsfähigen Einkommens. Schrittweise wird dies demnächst auf 71,5 Prozent gesenkt, was aber immer noch erheblich über dem Sicherungsniveau der gesetzlichen Rentenversicherung liegt. Wer also schon in jungen Jahren verbeamtet wird, erreicht bereits mit 50 oder 55 Jahren bei Dienstunfähigkeit ein sehr hohes Absicherungsniveau und hat so gut wie keine Versorgungslücke mehr, die er mit einer zusätzlichen privaten Berufsunfähigkeitsversicherung absichern müsste.

Versorgungslücke nur zu Beginn

Lediglich in den ersten fünf Jahren gehen Beamte im Fall einer krankheitsbedingten Dienstunfähigkeit leer aus. Nach Ablauf von fünf ruhegehaltsfähigen Dienstjahren bekommen Beamte bei Dienstunfähigkeit ein Mindestruhegehalt, das je nach Bundesland leicht variiert, aber – verglichen mit „normalen" Arbeitnehmern – eine sehr komfortable Absicherung darstellt. Für Beamte in Nordrhein-Westfalen beispielsweise beträgt das Mindestruhegehalt selbst in der untersten Gehaltsgruppe schon 1 174,81 Euro für Ledige und 1 237,18 Euro für Verheiratete (Stand: 2003).

Wichtig: im Leistungsfall Rentenzahlung bis zum 65. Lebensjahr

Beamte brauchen also eine zusätzliche private Berufsunfähigkeitsversicherung mit ganz speziellen Bedingungen. Die vereinbarte Rente muss zu Beginn recht hoch sein und kann später in dem Maß geringer ausfallen, in dem die Ansprüche aus dem Beamtenverhältnis wachsen. Wem das Mindestruhegehalt im Ernstfall reicht, der braucht sogar nur eine Berufsunfähigkeitsversicherung mit einer fünfjährigen Versicherungszeit. Zahlen sollte die Versicherung allerdings im Leistungsfall bis zum Alter von 65 Jahren.

Maßarbeit für Beamte

Gerade Beamte brauchen einen individuell gestalteten Versicherungsschutz. Sie können, verglichen mit „normalen" Arbeitnehmern, mit kürzeren Versicherungszeiten leben. Das macht ihre Versicherung billiger. Deshalb müssen sie unbedingt, bevor sie eine Berufsunfähigkeitsversicherung abschließen, ihre derzeitigen Ansprüche ermitteln und klären, wie sich diese Ansprüche in den kommenden Jahren entwickeln werden. Andernfalls würden sie sich vermutlich überversichern. Beamte wenden sich hierzu an ihre zuständige Besoldungsstelle, also etwa das Landesbesoldungsamt, oder auch an ihre Gewerkschaft, also beispielsweise für Lehrer die GEW oder für Polizisten die GdP.

Eine sehr umfangreiche Analyse der Ansprüche liefert auch (allerdings gegen ein Honorar von 50 Euro) die VERS Versicherungsberater-Gesellschaft mbH, 13403 Berlin, Kienhorststraße 130, Telefon: 0 30/41 77 73 25, Telefax: 0 30/41 77 73 26, www.versicherungsberater.org.

Beamte sollten außerdem darauf achten, dass ihr Vertrag möglichst eine Dienstunfähigkeitsklausel (DU-Klausel) enthält. Damit wird garantiert, dass aus der beamtenrechtlichen Dienstunfähigkeit automatisch die Berufsunfähigkeit und somit die Zahlung aus der Berufsunfähigkeitsversicherung folgt (→ Seite 83).

Bevor Beamte eine Berufsunfähigkeitsversicherung abschließen, sollten sie in jedem Fall zunächst ihre aktuellen Ansprüche abklären (→ Kasten).

Sonderfall Arbeitnehmer im öffentlichen Dienst

Besser als Arbeiter und Angestellte in privatwirtschaftlichen Unternehmen sind auch die nicht verbeamteten Beschäftigten im öffentlichen Dienst oder in öffentlich-rechtlichen Körperschaften abgesichert. Sie sind zwar in der gesetzlichen Rentenversicherung pflichtversichert, ihre Rentenansprüche werden aber normalerweise über die Versorgungsanstalt des Bundes und der Länder (VBL) oder vergleichbare Institutionen in etwa auf Beamtenniveau angehoben. Damit haben auch Arbeiter und Angestellte im öffentlichen Dienst grundsätzlich im Fall der Erwerbsminderung eine deutlich kleinere Versorgungslücke als Beschäftigte in der „freien Wirtschaft".

Zusatzrente an gesetzliche Erwerbsminderungsrente gekoppelt

Es ist jedoch darauf hinzuweisen, dass eine VBL-Zusatzrente an die gewährte Erwerbsminderungsrente des gesetzlichen Rentenversicherungsträgers gekoppelt ist. Das heißt: Die VBL leistet nur, wenn auch BfA oder LVA eine Erwerbsminderungsrente zahlen. Oder andersherum: Wer keine Erwerbsminderungsrente erhält, bekommt auch keine Zusatzrente aus der VBL. Wem nur die halbe Erwerbsminderungsrente zugesprochen wurde, dem wird auch nur die halbe VBL-Zusatzrente gezahlt.

Wer im öffentlichen Dienst arbeitet, sollte zunächst seine Zusatzansprüche aus VBL oder vergleichbaren Einrichtungen prüfen, bevor er eine private Berufsunfähigkeitsversicherung abschließt. Ähnlich wie für Beamte kommen möglicherweise auch hier Angebote mit kürzeren Versicherungszeiten infrage. Diese sichern dann nur die Phase des beruflichen Einstiegs ab, in der die Versorgungsansprüche noch gering sind. Die Leistungsdauer der Versicherung sollte jedoch stets bis zum 65. Lebensjahr festgelegt werden.

Versicherungsangebote am Arbeitsplatz kritisch prüfen

Lassen Sie sich aber zuerst sowohl Ihre Ansprüche aus der gesetzlichen Rente als auch von Seiten der VBL schwarz auf weiß ausrechnen. In vielen Fällen – vor allem wenn Sie schon ein paar Jahre auf dem Buckel haben – wird dieser Schutz bereits ausreichen. Schließen Sie keinesfalls voreilig eine Versicherung ab, besonders vor dem Hintergrund, dass gerade Beamte und Beschäftigte des öffentlichen Dienstes den eifrigen Bemühungen von „nebenberuflichen" Vermittlern einschlägiger Versicherungen am Arbeitsplatz ausgesetzt sind.

Beim Antrag auf eine zusätzliche private Berufsunfähigkeitsversicherung müssen die Ansprüche aus der VBL angegeben werden. Grund: Die Versicherer wollen eine Überversicherung vermeiden und befürchten bei einem sehr hohen Versorgungsniveau, dass Versicherte sich später eine Rente „erschleichen" könnten.

Sonderfall freie Berufe

Die freien Berufe genießen genau wie Selbständige grundsätzlich keinen gesetzlichen Schutz und müssen sich deshalb in der Regel privat versichern. Doch auch bei diesen Berufsgruppen gibt es Sonderregelungen.

Beispielsweise können sich alle hauptberuflichen freien Schriftsteller, Schauspieler, bildenden Künstler, Journalisten und viele andere in der Künstlersozialkasse versichern und haben somit Anrecht auf die gesetzliche Erwerbsminderungs-

» Trügerische Sicherheit bei Kammerberufen

Beate-Kathrin Bextermöller von FINANZtest rät den Angehörigen der so genannten Kammerberufe, also zum Beispiel Ärzten oder Apothekern, sich nicht nur auf die Zwangsmitgliedschaft in den Versorgungswerken zu verlassen. Meist brauchen auch solche Berufe eine zusätzliche Absicherung.

rente. Doch Vorsicht: Das der Künstlersozialkasse gemeldete Einkommen ist erfahrungsgemäß nicht allzu hoch und der hieraus resultierende Rentenanspruch folglich nur gering. Ein zusätzlicher Schutz ist somit dringend zu empfehlen.

Wieder anders sieht es bei den so genannten Kammerberufen wie Rechtsanwälten, Notaren, Architekten, Ärzten oder Apothekern aus. Sie sind über die jeweilige Kammer pflichtversichert, wobei die Altersversorgung auch eine Absicherung gegen Berufsunfähigkeit einschließt. Allerdings hat die Absicherung häufig erhebliche Schwächen. Die Versorgungswerke zahlen häufig erst, wenn eine 100-prozentige Berufsunfähigkeit vorliegt, also gar keine Restleistungsfähigkeit mehr besteht. Mindestens ebenso problematisch ist, dass ein Arzt oder Rechtsanwalt seine Zulassung zurückgeben, also seine Tätigkeit vollständig aufgeben muss.

So sollten sich, bei Licht betrachtet, auch diese freien Berufe trotz der teuren Pflichtmitgliedschaft im Versorgungswerk zusätzlich privat absichern – zumindet solange die Versicherungsbedingungen der Versorgungswerke die Zahlung einer Berufsunfähigkeitsrente so erschweren.

Deshalb der Tipp: Bevor Sie sich allein auf die Absicherung Ihrer Kammer verlassen, prüfen Sie genau die Klauseln. Ganz wichtig dabei ist, ab wie viel Prozent Berufsunfähigkeit eine Rente gezahlt wird.

Invaliditätsschutz über Riester-Rente oder betriebliche Altersversorgung

Auch ein Vertrag für die Riester-Rente ändert an dem lückenhaften Invaliditätsschutz nur wenig. Zwar kann beim Riestern auch zusätzlich eine Rente bei Berufsunfähigkeit vereinbart werden. Doch hierfür können nur 15 Prozent der eingezahlten Beiträge verwendet werden. Folglich entsteht angesichts der ohnehin nur bescheidenen Versicherungssummen bei Riester-Verträgen nur ein sehr geringer Anspruch. Außerdem gibt es bei einer Berufsunfähigkeitsrente im Rahmen der Riester-Rente ein Problem mit der Steuer. Riester-Renten unterliegen der nachgelagerten Besteuerung (→ Seite 120), sind also voll steuerpflichtig.

Eine höhere Berufsunfähigkeitsabsicherung wäre allerdings beim betrieblichen Riestern möglich, also der betrieblichen

Nur begrenzte Gestaltungsspielräume

Altersvorsorge mit Zulagen- und Sonderausgabenförderung. Denn dort gibt es die 15-Prozent-Beschränkung nicht. Doch auch über diesen Weg dürfte das Problem der mangelnden Berufsunfähigkeitsabsicherung bei Arbeitnehmern nicht zu lösen sein. Betriebsrentenmodelle sind in der Regel sehr starr. Der Arbeitgeber entscheidet, bei welcher Versicherungsgesellschaft eingezahlt wird. Die vertraglichen Gestaltungsspielräume sind zudem begrenzt. Der Charme betrieblicher Altersvorsorgemodelle liegt in der kostengünstigen kollektiven Gestaltung. Die Absicherung bei Berufsunfähigkeit erfordert jedoch eine individuelle Beratung und eine an den individuellen Bedürfnissen ausgerichtete Gestaltung. Solche Angebote gibt es derzeit (noch) nicht.

Zusätzliche Ansprüche besitzen jedoch Arbeitnehmer in einer Reihe von Großbetrieben. Dort gibt es im Einzelfall Haustarifverträge, die – ähnlich wie im öffentlichen Dienst – betriebliche Zusatzrenten für erkrankt ausgeschiedene Arbeitnehmer bieten. Solche Modelle dürften jedoch in der augenblicklichen Wirtschaftslage kaum ausgeweitet werden.

Entgeltumwandlung zur Absicherung bei Berufsunfähigkeit nutzen

Eine gute Chance für eine preiswerte zusätzliche Berufsunfähigkeitsabsicherung bietet die Entgeltumwandlung. Dabei verzichten Arbeitnehmer freiwillig auf einen Teil ihres Gehalts. Der Arbeitgeber zahlt diesen Teil direkt beispielsweise in eine Versicherung oder eine Pensionskasse ein. Das auf diese Weise „umgewandelte" Gehalt bleibt steuerfrei. Außerdem sind bis einschließlich 2008 keine Sozialabgaben zu zahlen. Mit anderen Worten: Finanzamt und Sozialkassen zahlen den Löwenanteil. Selbst Durchschnittsverdiener können ihre Einzahlungen im Rahmen der Entgeltumwandlung zu mehr als 50 Prozent aus ersparten Steuern und Abgaben finanzieren.

Bislang wird die Entgeltumwandlung in der Regel zur zusätzlichen Altersvorsorge genutzt. Es ist jedoch möglich, sie auch oder gar ausschließlich für einen Berufsunfähigkeitsschutz zu verwenden. In diesem Fall käme jedoch wegen der steuerfreien Einzahlung später die volle nachgelagerte Steuerlast zum Tragen. Dieses Problem lässt sich mit der pauschalierten Direktversicherung umgehen (→ Kasten, Seite 29). Weil schon vorab pauschal Steuern geflossen sind, unterliegt diese Berufsunfähigkeitsrente der relativ günstigen Ertragsanteilbesteuerung (→ Seite 118).

Erkundigen Sie sich bei Ihrem Arbeitgeber: Zahlt er eine Zusatzrente im Fall eines unfall- oder krankheitsbedingten vorzeitigen Ruhestands? Bietet er ein betriebliches Altersvorsorgemodell an, das eine Absicherung bei Berufsunfähigkeit ermöglicht? Wenn dieses ein gutes Bedingungswerk hat – vergleichen Sie hierzu die Kriterien im Kapitel

›› Wenden Sie sich an Ihren Arbeitgeber

Elke Weidenbach, die Versicherungsexpertin der Verbraucher-Zentrale NRW, rät: „Wenden Sie sich an Ihren Arbeitgeber und bitten Sie Ihn um ein Angebot im Rahmen der betrieblichen Altersversorgung. Hier können Sie zum Beispiel bei einer Direktversicherung den erforderlichen Berufsunfähigkeitsschutz mitversichern. Dann können Sie bei der Zahlung der Beiträge aufgrund der relativ günstigen Pauschalversteuerung Steuern sparen. Weiterhin erfolgt die spätere Auszahlung entweder steuerfrei oder wird nach heutigem Stand – mit dem so genannten Ertragsanteil – nur minimal versteuert."

„Der dritte Schritt: Versicherungsbedingungen prüfen" (→ Seite 72) –, sollten Sie dies in Erwägung ziehen. Vorteilhaft könnte dies gleich aus mehreren Gründen sein: Für Ihre Einzahlungen in die betriebliche Altersversorgung bekommen Sie entweder Riester-Förderung oder können bei Entgeltumwandlung steuerfrei (und zumindest bis zum Jahr 2008 sozialabgabenfrei) einzahlen. Zudem sind über den Arbeitgeber abgeschlossene Kollektivverträge oft kostengünstiger, und – ganz wichtig bei Berufsunfähigkeitsrenten – vielfach werden bei solchen Gruppenverträgen nur eingeschränkte oder erleichterte Gesundheitsfragen gestellt. Für Personen mit Vorerkrankungen ist dies eine echte Chance, an einen bezahlbaren Versicherungsschutz zu kommen.

Absicherung gegen Berufsunfähigkeit sollte Vorrang vor Altersvorsorge haben

Fazit: Der Staat hat das Invaliditätsrisiko immer mehr privatisiert. Der so genannte Berufsschutz in der gesetzlichen Rentenversicherung wurde bis auf Ausnahmen abgeschafft, die Kriterien für die Anerkennung der neuen Erwerbsminderungsrente wurden verschärft und das Versorgungsniveau abgesenkt. Nahezu für jeden, der nicht über erhebliches Vermögen verfügt, ist deshalb eine zusätzliche Berufsunfähigkeitsversicherung notwendig. Für fast alle Arbeiter, Angestellten,

Berufsunfähigkeitsschutz im Betrieb: Vater Staat zahlt mit

Versuchen Sie, Ihren Berufsunfähigkeitsschutz über betriebliche Altersvorsorgelösungen zu verbessern. So haben Sie seit dem 1. Januar 2002 ein gesetzliches Recht auf Entgeltumwandlung. Von Ihrem Gehalt dürfen Sie derzeit jährlich bis zu 2448 Euro (= 4 Prozent der Beitragsbemessungsgrenze in der gesetzlichen Rentenversicherung) wahlweise in eine Pensionskasse, einen Pensionsfonds oder eine Unterstützungskasse „umwandeln". Vorteil: Dieser Teil Ihres Einkommens bleibt steuerfrei. Das heißt, Vater Staat zahlt faktisch je nach individuellem Grenzsteuersatz in den meisten Fällen mindestens ein Drittel der Versicherungsprämie. Bis 2008 sparen Sie zusätzlich noch die Sozialabgaben, zahlen also für die umgewandelten Gehaltsteile keine Renten-, Krankenkassen-, Pflegeversicherungs- und Arbeitslosenversicherungsbeiträge.

Nutzen Sie deshalb die Entgeltumwandlung zur Verbesserung Ihres Berufsunfähigkeitsschutzes, und lassen Sie sich dies kräftig vom Staat subventionieren. Theoretisch kann die Einzahlung aus Entgeltumwandlung voll und ganz in den Berufsunfähigkeitsschutz fließen.

Eine andere Variante ist die Direktversicherung, gespeist aus Einmalzahlungen wie Weihnachts- oder Urlaubsgeld. Auch diese Einzahlung ist bis 2008 komplett sozialabgabenfrei. Fällig ist nur eine Pauschalsteuer von derzeit 20 Prozent (zuzüglich Solidaritätszuschlag), die aber häufig vom Arbeitgeber übernommen wird. Besonders vorteilhaft: Die Auszahlung ist später steuerfrei. Pro Jahr dürfen allerdings nur 1752 Euro „pauschaliert" in eine Direktversicherung eingezahlt werden. Auch bei einer Direktversicherung ist ein Berufsunfähigkeitsschutz möglich: Von den rund sechs Millionen Arbeitnehmern, die in eine Direktversicherung einzahlen, haben bereits heute über 2,2 Millionen einen zusätzlichen Berufsunfähigkeitsschutz vereinbart.

Zusätzlicher Tipp: Wird die Direktversicherung voll arbeitgeberfinanziert, bleibt sie auch über das Jahr 2008 hinaus sozialabgabenfrei. Bei einem Wechsel Ihres Arbeitsplatzes sollten Sie dies nach Möglichkeit mit dem neuen Arbeitgeber vereinbaren.

Selbständigen, Freiberufler und mit Abstrichen auch für Beamte und Beschäftigte im öffentlichen Dienst bedeutet das, dass die Absicherung des Existenzrisikos eindeutig Vorrang vor einer zusätzlichen Altersvorsorge hat. Denn wenn der Ernstfall eintritt, nutzt es Ihnen wenig, wenn Sie zuvor mit Investmentfonds, Immobilien oder Lebensversicherungen ein stattliches Vermögen angehäuft haben. Wenn Sie berufsunfähig werden und nicht versichert sind, ist Ihr Vermögen schneller aufgezehrt, als Sie denken.

» Zuerst die Existenz sichern, erst dann sparen

Frank Braun, Geschäftsführer beim Bund der Versicherten (BdV), rät: „Erst wenn Sie das Risiko Berufsunfähigkeit ordentlich abgesichert haben, sollten Sie ans Sparen fürs Alter denken. Und dann, ganz wichtig: Trennen Sie möglichst Versicherung und Geldanlage. Beides ist wichtig, sollte aber nicht vermengt werden."

Vom Geschäft mit der Angst und der Unlust später zu zahlen

Ähnlich wie bei der Riester-Rente hat sich die Bundesregierung auch bei der Berufsunfähigkeitsversicherung als Verkaufshelfer für die Versicherungswirtschaft erwiesen. Nachdem die staatlichen Ansprüche zum 1. Januar 2001 reduziert worden waren, reagierten die Anbieter prompt und machten die Angst vor der Berufsunfähigkeit zum Thema. Die Folge: Wurden früher vor allem Unfallversicherungen verkauft, hat nun die Branche die Berufsunfähigkeitsversicherung als Verkaufsschlager und Gewinnbringer entdeckt. Im Jahr 2001 wurden fast 1,4 Millionen neue Policen verkauft. Zwei Drittel davon waren klassische, an eine Lebensversicherung gekoppelte Berufsunfähigkeits-Zusatzversicherungen, so genannte BUZ-Verträge. Aber auch rund 470 000 selbständige Berufsunfähigkeitsversicherungen wurden neu verkauft, ein Zuwachs von 77 Prozent gegenüber 2000.

Die Werbeaktivitäten wurden merklich ausgeweitet. Kaum ein Schaufenster von Versicherungsagenten, das nicht vom Menetekel der Berufsunfähigkeit kündet: „Die Folgen sind fatal!" Hochglanzprospekte malen das bevorstehende Elend in düstersten Farben: „Jeden kann es treffen. Auch Sie!" heißt es oder: „Krankheit, Unfall – Berufs- oder Erwerbsunfähigkeit. Und dann? Ist auch Ihre finanzielle Existenz gefährdet?"

Die Klippen der privaten Versicherer

Die Versicherer versuchen in der Regel, gleich zwei Fliegen mit einer Klappe zu schlagen, und verknüpfen die Angst vor Berufsunfähigkeit mit der Sorge um die Höhe der gesetzlichen Rente. Verkauft wird deshalb sehr gern eine Kombination aus Berufsunfähigkeits- und Kapitallebensversicherung. Damit habe man – so wird häufig argumentiert – mit einem Vertrag gleich zwei wichtige Risiken – Invalidität und Alter – abgesichert. Tatsächlich liegt der Hauptvorteil eines solchen Vertrags beim Versicherer. Er hat sich – und das wird dem Kunden natürlich nicht so deutlich verkündet – über einen sehr langen Zeitraum üppige Beitragseinnahmen gesichert. Für den Vermittler eines solchen Vertrags winken denn auch die höchsten Provisionen. Aber die Kapitallebensversicherung macht den Berufsunfähigkeitsschutz recht teuer und unflexibel. Deshalb raten Verbraucherschützer in fast allen Fällen dazu, Berufsunfähigkeitsschutz und Altersvorsorge zu trennen. Schließen Sie deshalb keinesfalls vorschnell eine Kapitallebensversicherung mit Berufs-

Teuer und unflexibel – nachteilig für die Versicherten

So versichern sich Versicherungen: Ablehnungen, Ausschlüsse und Zuschläge

Versicherer wollen naturgemäß ihr Risiko minimieren. Also werden möglichst alle Vorschäden von der Versicherung ausgeklammert. Wer also beispielsweise bereits Sportverletzungen an Knie oder Knöchel hatte, muss damit rechnen, dass diese Körperteile vom Versicherungsschutz ausgeschlossen werden. Folge: Sollte eine spätere Berufsunfähigkeit ursächlich zum Beispiel auf Kniebeschwerden beruhen, gibt es keine Rente.

Eine andere Strategie sind saftige Risikozuschläge. Hat ein Kunde beispielsweise erblich bedingt einen erhöhten Cholesterinspiegel, muss er mit einem Extrabeitrag von 50 Prozent rechnen. Kommen dazu noch andere Leiden, wie etwa Bluthochdruck, erhält er möglicherweise gar keine Versicherung. Keinen Versicherungsschutz bekommen beispielsweise Krebspatienten, Herz- und Schlaganfallpatienten, Personen mit schwerem Rheuma. Aber auch Frauen und Männer, die bereits in psychiatrischer Behandlung waren oder an Allergien leiden, haben nur geringe Chancen auf einen Vertrag, auch wenn sie aktuell nicht unter Beschwerden leiden.

unfähigkeits-Zusatzversicherung ab! Sinnvoller ist da schon die Kombination mit einer Risikolebensversicherung (→ Seite 52).

Gesucht: gesunde Versicherte in risikoarmen Berufen

So schillernd die Versicherungen die Gefahren einer Berufsunfähigkeit auch an die Wand malen, in der Praxis gefallen sie sich vor allem darin, „Rosinen zu picken". Das heißt: Am liebsten versichern sie Kunden, die von einer Berufsunfähigkeit vermutlich nie betroffen sein werden – also Gesunde in risikoarmen Berufen. Wer schon krank ist oder bereits einmal schwer krank war, hat es sehr schwer, einen umfassenden Versicherungsschutz zu bekommen. Viele Vorerkrankungen werden entweder aus dem Versicherungsschutz ausgeklammert oder mit Risikozuschlägen belegt.

Für die Versicherer zahlt sich diese vorsichtige Kalkulation aus. Dadurch dass sie offenkundig oder vermeintlich Kranke gar nicht erst aufnehmen, halten sie ihre Ausgaben in Grenzen. Die Ausweitung des Neugeschäfts lässt andererseits die Einnahmen munter sprudeln. Erfreuliches Ergebnis für die Versicherungswirtschaft: Den Einnahmen von rund 3,8 Milliarden Euro im Jahr 2001 standen lediglich Ausgaben von rund 1,3 Milliarden Euro gegenüber. Zum Teil erklärt sich dieses krasse Missverhältnis durch das gestiegene Neugeschäft in den vergangenen Jahren, dem noch keine Leistungsausgaben gegenüberstehen.

Eins scheint klar: Die meisten Versicherten zahlen derzeit zu viel für ihren Versicherungsschutz. Oder anders ausgedrückt, sie zahlen zwar brav ihre Beiträge, bekommen dafür aber im Ernstfall oft nicht die ihnen zustehende Leistung. Ermöglicht wird dies vor allem durch die in der Vergangenheit abgeschlossenen – und somit für Bestandskunden noch geltenden – kundenunfreundlichen Versicherungsbedingungen. Diese erlauben es den Versicherungen, dank trickreicher Klauseln in vielen Fällen die Zahlung zu verweigern, auch wenn der Kunde dauerhaft erkrankt ist und nicht mehr arbeiten kann.

Der Versicherte erfährt von diesen Problemen in der Regel erst, wenn ihn der Ernstfall ereilt hat und er um seine Rente kämpfen muss. Meist hat er bei Vertragsschluss keine Ahnung, was er mit einer Berufsunfähigkeitsversicherung tatsächlich einkauft, kennt nicht die Folgen von Klauseln und Paragrafen, die ihn am Ende um die Rente bringen können. Ändern kann er dann nichts mehr. Heute müssen die Versicherten ausbaden, dass früher fast alle Verträge solche Fußangeln hatten. Wirklich kundenfreundliche Bedingungen gab es so gut wie nie.

Altkunden vielfach im Nachteil durch kundenunfreundliche Versicherungsbedingungen

Das hat sich erfreulicherweise in den vergangenen Jahren geändert. Eine wichtige Rolle spielten hierbei Versicherungsvergleiche wie in Finanztest. Seitdem dort die Versicherungsklauseln zum Hauptbewertungskriterium avancierten, reagierte die Branche. Immer mehr Gesellschaften bieten jetzt kundenfreundlichere Bedingungswerke an. Leider gilt dies jedoch nur für Neukunden. Altkunden bleiben weiter auf den alten Bedingungen sitzen, die beispielsweise in aller Regel noch die Möglichkeit der Verweisung vorsehen.

Arztanordnungsklausel: Armbruch auf Verlangen

Ein extremes Beispiel, wie Versicherungen Kunden in der Vergangenheit „bedingungsgemäß“ drangsalieren konnten, ist die Arztanordnungsklausel. Hat eine Versicherung diese Klausel in ihren Bedingungen, kann sie vom Kunden verlangen, dass er neuerliche Therapieversuche „auf Anordnung von Ärzten“ über sich ergehen lassen muss. Es handelt sich dabei aber in der Regel nicht um Versuche der bislang behandelnden Ärzte, sondern von Medizinern, die die Versicherung ausfindig gemacht hat.

Die Inhaberin eines Bürozubehörladens war von der Treppe gestürzt und hatte bleibende Schäden an Arm und Schultergelenk. Daraufhin bezog sie zwei Jahre lang eine Berufsunfähigkeitsrente in Höhe von 250 Euro monatlich. Um sie wieder zu reaktivieren, berief sich die Versicherung auf die Arztanordnungsklausel. Dreimal ließ sich die Kleinunternehmerin daraufhin auf Anordnung künstlich den Arm erneut brechen, jedoch ohne durchgreifende Heilung. Nun soll sie erneut auf Anordnung der Versicherung zu einem anderen Arzt gehen. Weigert sie sich, wird ihr sofort die Rente gestrichen.

Verbraucherschützer halten diese Klausel für unwirksam und für einen groben Eingriff in die Persönlichkeitsrechte, den Versicherte keinesfalls hinnehmen sollten. Im Neugeschäft hat diese Klausel glücklicherweise ihre Bedeutung verloren. Kein Versicherer verwendet diese tückische Klausel derzeit bei Neuabschlüssen. In älteren Verträgen steht sie jedoch immer noch.

Leidiges Thema: Verweisung

Ein wichtiger Begriff aus dem Versicherungschinesisch ist die Verweisung. Gemeint ist, dass eine Versicherung dem Kunden die Rente mit der Begründung verweigert, er könne ja noch in einem anderen – seinen Fähigkeiten entsprechenden – Beruf arbeiten. Unterschieden wird zwischen der **abstrakten** und der **konkreten** Verweisung.

Bei der **abstrakten** Verweisung muss die Versicherung nur einen Job benennen, den der Versicherte angesichts seiner Einschränkung theoretisch noch machen könnte. Ob der Versicherte den Job tatsächlich bekommt, ist nicht von Belang.

Bei der **konkreten** Verweisung darf die Versicherung die Rente verweigern, wenn der Versicherte einen zumutbaren Job auch tatsächlich ausübt. Das Recht zur konkreten Verweisung haben sich nahezu alle Versicherungen noch vorbehalten. Auf die abstrakte Verweisung hingegen verzichten neuerdings immer mehr Gesellschaften.

Dass die Möglichkeit der abstrakten Verweisung eine ganz konkrete Gefahr darstellen kann, keine Berufsunfähigkeitsrente zu bekommen, zeigen folgende Gerichtsurteile:

- Eine Auszubildende im Friseurhandwerk kann, wenn sie diese Tätigkeit wegen einer Hautallergie nicht mehr ausüben kann, auch auf vergleichbare Lehrverhältnisse (Verkäuferin, Bürohilfe, Lagertätigkeit) verwiesen werden (OLG München, Az. 30 U 823/92).
- Eine Krankenschwester im Pflegedienst kann auf eine Tätigkeit als Arzthelferin oder Werkshelferin verwiesen werden (LG Düsseldorf, Az. 11 O 56/99).
- Ein Kraftfahrer kann nach Umschulung auf eine Tätigkeit als Baumaschinenführer verwiesen werden (OLG Oldenburg, Az. 2 U 259/95).
- Ein ungelernter Berufskraftfahrer kann auf die Tätigkeit eines Hausmeisters verwiesen werden (OLG Köln, Az. 5 U 72/98).
- Ein Schreiner kann nach Umschulung auf eine Tätigkeit als Holztechniker verwiesen werden (OLG Köln, Az. 5 U 153/00).
- Ein Lagerarbeiter kann auf den Beruf eines Pförtners verwiesen werden (OLG Nürnberg, Az. 8 U 31/96).
- Ein selbständiger Warenhausdetektiv kann auf Tätigkeit im Innendienst einer Detektei, in einem Bewachungsunternehmen oder im Sicherheitsdienst verwiesen werden (OLG Köln, Az. 5 U 79/97).

Es geht also nicht nur darum, sich überhaupt privat abzusichern, sondern vor allem, sich richtig abzusichern. Wählen Sie deshalb eine Berufsunfähigkeitsversicherung keinesfalls vorrangig nach dem Preis aus. Denn was nützt Ihnen eine Versicherung, wenn sie am Ende nicht zahlt?

Höhere Provision durch Vermittlung von Kombinationsprodukten

Seien Sie besonders vorsichtig, wenn Sie eine Versicherung nur über den Außendienst abschließen können. Die Versicherer argumentieren dann zwar, Ihre individuelle Situation könne nur vom Fachmann analysiert werden und das Produkt sei schlicht zu kompliziert, um sich allein zurechtzufinden. Doch Vertreterbesuche bringen erfahrungsgemäß nicht unbedingt eine bessere Aufklärung und maßgeschneiderte Versicherungsprodukte, sondern allzu oft nur höhere Kosten, denn der Vertreter lebt von der Provision, die Sie ihm verschaffen. Die Wahrscheinlichkeit ist also groß, dass er Ihnen mehr Versicherungsprodukte verkaufen will, als Sie tatsächlich brauchen. Die nachvollziehbare Angst vor drohender Berufsunfähigkeit dient dann häufig nur als Türöffner, um Ihnen nebenbei auch noch eine Kapitallebensversicherung oder eine Hausratversicherung zu verkaufen. Zudem besteht gerade beim Abschluss einer Berufsunfähigkeitsversicherung die Gefahr, dass ein Vertreter Vorerkrankungen als unerheblich herunterspielt, um den Abschluss und damit seine Provision nicht zu gefährden. Das kann Sie später den Versicherungsschutz kosten (→ Seite 100).

Strategien der Verweigerung

Wie wichtig kundenfreundliche Versicherungsbedingungen sind, beweist die tägliche Praxis. Dass Versicherungen im Ernstfall schnell und unkompliziert zahlen, stellt nämlich leider bis heute eher die Ausnahme als die Regel dar. Im Gegenteil: Verbraucherschützer und Versicherungsexperten registrieren eine raffiniert ausgefeilte Strategie, Rentenansprüche abzuwehren. Aus Sicht der Versicherungen mag das Sinn machen. Schließlich handelt es sich bei Berufsunfähigkeitsrenten, die nicht selten 30 Jahre oder länger gezahlt werden, leicht um Gesamtsummen von 500 000 Euro oder mehr. Steht dem Versicherungsunternehmen ein solcher Großschaden ins Haus, so wird aus dem „guten Partner“ nicht selten ein erbitterter Gegner.

**Beispiel:
Wenn der Versicherer zum erbitterten Gegner wird**

Was in einem solchen Fall auf einen Kunden zukommen kann, zeigt der Fall des Kleinunternehmers Dieter B. Bei einem der größten europäischen Versicherer hatte er sich gegen Berufsunfähigkeit versichert. 1 500 Euro monatlich sollte er im Ernstfall bekommen. Als er kurz nach seinem 50. Geburtstag von einem schweren Herzinfarkt getroffen wurde, war an Arbeit nicht mehr zu denken. Dennoch zahlte die Versicherung zunächst keinen Cent. Sieben Jahre und ein Rechtsstreit über mehrere Instanzen vergingen, bis der schwerkranke Dieter B. endlich eine regelmäßige Berufsunfähigkeitsrente bekam. Einen so langen Atem haben nur wenige.

Für Wolfgang Scholl vom Verbraucherzentrale Bundesverband ist dies „ein exemplarischer Fall“, wie Versicherungen versuchen, ihre Kunden mit einem langwierigen, abgestuften Verfahren „weichzukochen“.

1. Stufe: Verzögerung

Durch scheibchenweises Anfordern der notwendigen Unterlagen wird das Verfahren häufig unnötig in die Länge gezogen. Oft dauert es rund zwei Jahre, bis die Versicherung über die Zahlung oder Nichtzahlung der Rente entschieden hat. So lange stehen die Kunden in jedem Fall ohne Geld da.

Schlimmer noch: Wenn die Versicherung nicht bis zur Entscheidung die Beiträge stundet, muss der Versicherte – der möglicherweise kein Einkommen mehr hat – sogar weiter Beiträge zahlen. Versäumt er dies, geht damit sofort der Versicherungsschutz verloren.

Auf Stundung der Beiträge achten

Deshalb gilt: Achten Sie auf möglichst eindeutige Kriterien, die Ihren Anspruch begründen. Wenn beispielsweise aus sechs Monaten dauerhafter Arbeitsunfähigkeit („gelber Zettel") automatisch die Rente folgt, dürfte sich das Verfahren deutlich beschleunigen und vereinfachen (→ Seite 83). Auch sollten Sie darauf achten, dass während der Leistungsprüfung die Beiträge automatisch oder auf Antrag zinslos gestundet werden (→ Seite 76).

2. Stufe: Anzweifeln der Berufsunfähigkeit

Häufig werden die medizinischen Gutachten angezweifelt, etwa wenn sie von einem Arzt stammen, bei dem der Versicherte früher schon einmal in Behandlung war. Dann wird Befangenheit unterstellt.

So war es auch bei Dieter B., dessen Hausarzt ihm eine 100-prozentige Berufsunfähigkeit bescheinigt hatte. Doch auch die eindeutigen Gutachten sowohl einer Universitätsklinik als auch der Reha-Klinik überzeugten die Versicherung nicht. Möglicherweise könne Dieter B. ja doch noch arbeiten oder die Krankheit habe sich inzwischen gebessert, mutmaßte der Versicherer. Immer neue, ergänzende Gutachten wurden verlangt. Dieter B. hatte den Eindruck, man wolle ihn als „Simulanten" diffamieren, verzweifelte allmählich und reichte schließlich die Klage ein.

Deshalb gilt: Gehen Sie dem Gutachterstreit, so gut es geht, aus dem Weg. Eindeutige Kriterien für eine Berufsunfähigkeit sind hier Gold wert. Auch ist es günstig, wenn der Versicherer in seinen Bedingungen das Gutachten des Hausarztes zumindest zulässt, auch wenn die Versicherung hieran nicht gebunden ist.

3. Stufe: Verweisung auf eine andere Tätigkeit

Nachdem Dieter B.'s Berufsunfähigkeit schließlich medizinisch geklärt war, gab sich seine Versicherung immer noch nicht geschlagen: Sie brachte die abstrakte Verweisung ins Spiel und hielt ihrem Kunden vor, dass er – auch wenn er den eigenen Betrieb nicht mehr leiten könne – doch in einem anderen Betrieb zum Beispiel als Disponent arbeiten könne. Dies bedeute weniger Stress und weniger Stundenbelastung. Eine Rente sei dann überflüssig. Das von Dieter B. inzwischen angerufene Gericht sah das anders. Angesichts seines Gesundheitszustands könne er auch den Verweisungsberuf nicht schaffen.

Die abstrakte Verweisung (→ Seite 35) spielte in der Vergangenheit bei den Abwehrbemühungen der Versicherer eine große Rolle. Bei Neuabschlüssen hingegen verzichten viele Gesellschaften mittlerweile in ihren Bedingungswerken ausdrücklich auf den Gebrauch der abstrakten Verweisung.

Wichtig: Verzicht auf abstrakte Verweisung

Deshalb gilt: Wer heute neu abschließt, sollte unbedingt darauf achten, dass der gewählte Tarif einen Verzicht auf die abstrakte Verweisung vorsieht. Damit ist die Versicherung klar auf den ausgeübten Beruf eingegrenzt. Eine Verweisung auf ähnliche Tätigkeiten und damit die Verweigerung der Rente ist nicht möglich (→ Seite 73).

4. Stufe: vorvertragliche Anzeigepflichtverletzung

Nachdem der medizinische Stand geklärt und die Verweisung abgeschmettert war, gab es für Dieter B. aber immer noch keine Rente. Denn die Versicherung zog noch einen letzten Joker und pochte auf eine angebliche vorvertragliche Anzeigepflichtverletzung.

Darauf muss sich leider jeder einstellen: Ein zahlungsunwilliger Versicherer wird irgendwann dieses Damoklesschwert ins Spiel bringen und behaupten, dass bei Vertragsschluss wichtige Vorerkrankungen verschwiegen worden seien und er deshalb nicht zahlen müsse.

So auch Dieter B.'s Versicherung: B. habe die seit längerem bestehenden Magenbeschwerden verschwiegen. Der Vertrag sei also nur unter Vorspiegelung falscher Tatsachen zustande gekommen. Hätte das Unternehmen von den Magenbeschwerden gewusst, hätte es B. vermutlich nie versichert.

Ärzte sind gegenüber Versicherung von Schweigepflicht entbunden

Diese Phase ist gefährlich: Da Sie mit Abschluss einer Berufsunfähigkeitsversicherung alle behandelnden Ärzte von ihrer Schweigepflicht entbinden, kann und wird der Versicherer diese auch befragen und notfalls in alten Krankenakten forschen. Haben Sie wichtige Krankheiten nicht angegeben, muss die Versicherung nicht zahlen. Kann der Versicherer beweisen, dass tatsächlich Fakten verschwiegen wurden, um sich den Versicherungsschutz zu erschleichen, kann er den Vertrag wegen arglistiger Täuschung auflösen.

Dieter B. hatte Glück: Das Gericht sah in dem im Versicherungsantrag unerwähnt gebliebenen Sodbrennen und in der Einnahme rezeptfreier Arzneimittel keine „Obliegenheitsverletzung". Da Dieter B. sich selbst therapierte und keinen Arzt aufsuchte, habe er die Erkrankung offenkundig als nur leicht empfunden. Mithin könne keine Täuschungsabsicht bei Vertragsschluss unterstellt werden. Also sei auch keine Anfechtung wegen arglistiger Täuschung möglich – Dieter B. bekam Recht.

Gesundheitsfragen in jedem Fall ehrlich beantworten

Die vorvertragliche Anzeigepflichtverletzung ist und bleibt für den Versicherten aber eine große Gefahr. Deshalb gilt: Bleiben Sie bei der Beantwortung der Fragen unbedingt ehrlich. Etwas zu verschweigen, kann zum Bumerang werden. Suchen Sie sich eine Versicherung, die die Gesundheitsfragen auf einen überschaubaren Zeitraum begrenzt (→ Seite 84).

Fordern Sie den Versicherer ausdrücklich bereits bei der Antragstellung dazu auf, sich mit Ihren behandelnden Ärzten in Verbindung zu setzen und Erkundigungen einzuholen. Wenn die Versicherung dies akzeptiert, ist das Risiko minimal, später wegen fehlerhafter Angaben belangt zu werden (→ Seite 100).

5. Stufe: Angebot einer Abfindung

Alle genannten Strategien kommen möglicherweise in einem Rechtsstreit über mehrere Instanzen zum Einsatz. Das dauert viele Jahre, ist enorm belastend und zudem sehr teuer. Deshalb kann der um seine Rente kämpfende Versicherte sich einen solchen Rechtsstreit in der Regel nur mit einer guten Rechtsschutzversicherung leisten.

Doch auch wenn der Anwalt bezahlt wird, fehlt aufgrund der Krankheit das regelmäßige Einkommen, und dem Versicherten geht allmählich die Luft aus. Genau dann kommt häufig ein „großzügiges" Angebot der Versicherung: Sie bietet einige zehntausend Euro und erhöht möglicherweise später die Summe noch einmal geringfügig.

›› Wie auf dem Basar!

Der Oldenburger Versicherungsberater Hans-Hermann Lüschen berichtet: „Wenn die Leute so richtig zermürbt sind, dann zieht die Gesellschaft eiskalt den Joker und bietet eine Abfindung von 50 000 oder 80 000 Euro an. Und wenn in diesem Moment das Haus kurz vor der Versteigerung steht, können die Leute oft kaum ablehnen, auch wenn sie dadurch langfristig viel Geld verlieren. Da wird gehandelt wie auf dem Basar."

Abfindungsangebot mit Summe möglicher Rentenzahlung vergleichen

Irgendwann ist bei vielen Erkrankten schließlich der Punkt erreicht, an dem sie sich entnervt auf das Vergleichsangebot der Versicherung einlassen (müssen).

Deshalb gilt: Falls Sie rechtsschutzversichert sind, lassen Sie sich keinesfalls vorschnell auf einen Vergleich ein. Oft ist das Abfindungsangebot der Versicherung auch ein Zeichen dafür, dass die Versicherung nicht mehr glaubt, ihre Position vor Gericht durchsetzen zu können. Lassen Sie sich in jedem Fall zuvor ausrechnen, welche Gesamtsumme Ihnen bis zum Ende der Leistungszeit, also möglicherweise bis zum 65. Geburtstag, bei monatlicher Rentenzahlung zusteht, damit Sie wissen, was das Angebot wert ist. Allerdings gilt leider auch: Für den, der schwer krank ist, kann sich das makabre Rechenexempel mit der Abfindung durchaus rechnen.

Drum prüfe, wer sich lange bindet ...

Es ist ungemein wichtig, nicht „irgendeine" Berufsunfähigkeitsversicherung abzuschließen. Es sollte vielmehr eine Versicherung mit guten Bedingungen sein, die auch zahlt, wenn es darauf ankommt, eine Versicherung, die optimal zu Ihren persönlichen Merkmalen (Beruf, Vorerkrankungen, sonstige Risiken) passt.

Die folgenden Kapitel sollten Sie in die Lage versetzen, Ihren Versicherungsschutz optimal zu gestalten und Versicherungstarife mit fairen Bedingungen zu finden. Zusätzlich studieren Sie bitte die aktuellen Tests der Stiftung Warentest in Finanztest oder im Internet unter www.finanztest.de (Suchbegriff „Berufsunfähigkeit").

Keinesfalls sollten Sie vorschnell bei einem Versicherungsvertreter oder in einer Bankfiliale einen Vertrag abschließen, keinesfalls übereilt eine Kombination von Kapitallebens- und Berufsunfähigkeitsversicherung wählen. Denn grundsätzlich gilt: Trennen Sie möglichst Altersvorsorge von Existenzsicherung!

Nehmen Sie vor Abschluss bei Bedarf die Hilfe der Verbraucherzentralen (Adressen → Seite 141) oder unabhängiger Versicherungsberater in Anspruch. Das kostet zwar ein Honorar, ist aber langfristig sicher günstiger als ein überteuerter Versicherungsvertrag.

Der Weg zu einer guten Berufsunfähigkeits-versicherung

Der Weg zu einem guten Versicherungsschutz gegen Berufsunfähigkeit gleicht einem Hindernisrennen. Wie so oft im Leben ist es ein Rennen mit unterschiedlichen individuellen Chancen und Risiken. Wer jung und gesund ist, geht mit Vorsprung auf die Strecke. Wer jedoch schon ein paar mehr Jahre zählt oder in einem risikoreichen Beruf arbeitet, der hat von Beginn an einen Rückstand, muss höhere Hürden nehmen und wird im schlimmsten Fall gar keine Startberechtigung – mit anderen Worten: keinen Versicherungsschutz – erhalten.

In drei Schritten zum Vertrag

Leider bekommt nicht jeder – so gut er sich auch informieren mag – einen guten Versicherungsschutz. Manche werden im schlimmsten Fall gar keine Berufunfähigkeitsversicherung abschließen können. Betroffen sind von diesem Grundproblem vor allem Personen mit Risikoberufen und/oder schweren Vorerkrankungen. Personen, auf die beides zutrifft, im Diagramm mit ⊖⊖ gekennzeichnet, werden es extrem schwer haben, eine Versicherung zu finden. Ihnen bleibt vermutlich nichts anderes übrig, als sich nach einem Gruppenvertrag umzusehen, der dank einer erleichterten Gesundheitsprüfung die Aufnahme ermöglicht (→ Seite 70).

„Glückspilze“ sind, versicherungstechnisch betrachtet, die kerngesunden Interessenten mit einem risikoarmen (Büro-)Job, im Diagramm mit ⊕⊕ bezeichnet. Sie haben die freie Auswahl, da sie vermutlich von jeder Versicherung gern genommen werden, können ihren Vertrag optimieren und darauf hoffen, tatsächlich einen preiswerten Tarif mit fairen Versicherungsbedingungen zu finden.

Bei allen, die im ⊕⊖-Bereich liegen, wird es schwieriger. Sie müssen in jedem Fall – und zwar gleichzeitig! – zahlreiche Probeanträge stellen. Dabei gilt die Faustregel: Je gravierender die Vorerkrankung,

Wer hat die besten Chancen?

	Risikoberuf Ja	Nein
Vorerkrankung Ja	⊖⊖	⊕⊖
Nein	⊕⊖	⊕⊕

Problem: Weitergabe von Daten

Wenn Sie einen Versicherungsantrag stellen, müssen Sie unbedingt ehrliche Angaben machen. Dabei gilt es allerdings zu beachten: Mit Ihrer Unterschrift unter den Versicherungsantrag ermächtigen Sie den Versicherer auch zur Weitergabe Ihrer Daten, die in der zentralen Datei der Versicherungswirtschaft landen. Jede Vorerkrankung, jeder Versicherungsausschluss und jede Ablehnung sind damit aktenkundig und beeinflussen das künftige Aufnahmeverhalten aller anderen Versicherungsunternehmen, bei denen Sie später gegebenenfalls einen Versicherungsantrag stellen. Deshalb ist es besonders wichtig, immer gleichzeitig Anträge an mehrere Versicherer zu stellen.

Sehr riskant ist es, im Antrag falsche Angaben zu machen. Das würde möglicherweise später Ihren Versicherungsschutz gefährden. Nun könnten Sie auf den Gedanken kommen, im Antrag die Klausel durchzustreichen, mit der die Weitergabe der Daten an die Zentraldatei des Versicherungsverbands gebilligt wird. Das wird Ihnen vermutlich wenig nutzen. Denn dann bekommen Sie kein bindendes Angebot. Nur wenn Sie die Karten offen auf den Tisch legen, wird Sie die Versicherung aufnehmen.

desto mehr Anträge sollten verschickt werden. Und: Je deutlicher das Minuszeichen – also zum Beispiel: je risikoreicher der Beruf –, desto mehr sollten auch teure Anbieter mit einbezogen werden.

Die Chancen, eine gute Berufsunfähigkeitsversicherung abzuschließen, hängen also grundlegend von den persönlichen Merkmalen ab, die Sie allerdings kaum verändern können. Über diese gilt es sich also im ersten Schritt Klarheit zu verschaffen.

Dann jedoch sind Sie am Zug: Im zweiten Schritt sollten Sie durch eine geschickte Ausgestaltung des Vertrags (→ Seite 50) und im dritten Schritt durch die Wahl eines Tarifs mit möglichst kundenfreundlichen Versicherungsbedingungen (→ Seite 72) sicherstellen, dass Sie Ihre guten Voraussetzungen auch nutzen. Oder trotz eines Handicaps noch passabel das Ziel erreichen. Hier haben Sie erstaunlich viele Möglichkeiten, die Anzahl der Hindernisse zu reduzieren, Abkürzungen zu finden und zu vermeiden, dass Sie sich im Dickicht des Versicherungsdschungels verirren.

›› Einige haben 's schwer

Einen guten und obendrein preiswerten Vertrag bekommt leider nicht jeder, weiß Beate-Kathrin Bextermöller von Finanztest: „Wer nicht vollständig gesund ist, muss mit Schwierigkeiten rechnen. Vorerkrankungen werden in der Regel vom Versicherungsschutz ausgeklammert. Auch wer einen Risikoberuf ausübt, hat 's schwer. Er zahlt höhere Prämien oder wird bei einigen Versicherern überhaupt nicht versichert. Das trifft zum einen Personen, die hart körperlich arbeiten, aber auch Künstler, Fotografen oder Musiker."

Der erste Schritt: persönliche Merkmale erkennen

Auch wenn Sie an Ihren individuellen Merkmalen, also Alter, Beruf und Erkrankungen, nichts ändern können, ist es sehr wichtig, dass Sie sich über diese persönlichen Bedingungen klar werden. Davon wird stark Ihre einzuschlagende Strategie abhängen. Durch Ihr Alter und vor allem Ihren Gesundheitszustand werden sozusagen die Limits dafür gesetzt, welchen Versicherungsschutz Sie überhaupt (noch) bekommen können und zu welchem Preis. Auch der Beruf ist wichtig; es gibt Berufe wie Sprengmeister oder – und dies dürfte viele erstaunen – Musiker, die sich nahezu gar nicht versichern lassen. Wer seine Chancen kennt, kann sich darauf einstellen. Personen mit sehr ungünstigen persönlichen Merkmalen etwa müssen besonders viele Probeanträge stellen und sollten sich keinesfalls zuerst an besonders günstige und pingelige Versicherer wenden. Dort werden sie mit Sicherheit eine Ablehnung kassieren, die wegen deren Meldung an die Versicherer-Datenbank bei erneuten Anträgen sehr nachteilig ist.

Tipp

Schließen Sie eine Berufsunfähigkeitsversicherung zwar keinesfalls übereilt, aber doch so früh wie möglich ab.

● Das Lebensalter – je jünger, desto billiger

Prinzipiell gilt: Je später im Leben ein Vertrag abgeschlossen wird, desto teurer wird die Versicherung. Oder umgekehrt: Wer schon in jungen Jahren eine Berufsunfähigkeitsversicherung

So viel kostet das Alter

Voraussetzungen: Mann, Nichtraucher, kaufmännischer Angestellter, Endalter 65, Versicherungsschutz 50 000 Euro, monatliche BU-Rente 1 000 Euro, monatliche Zahlweise, Überschusssystem optimiert

Eintrittsalter	günstige Anbieter		teure Anbieter	
	Bruttoprämie	Nettoprämie	Bruttoprämie	Nettoprämie
30	70,81 Euro	32,05 Euro	107,80 Euro	97,70 Euro
35	85,26 Euro	38,61 Euro	127,00 Euro	114,60 Euro
40	103,73 Euro	46,92 Euro	152,20 Euro	136,90 Euro
45	124,71 Euro	56,05 Euro	182,80 Euro	163,70 Euro
50	148,72 Euro	66,15 Euro	221,60 Euro	197,60 Euro

Die Tabelle zeigt, dass mit steigendem Eintrittsalter die Monatsprämie steigt. Deutlich wird jedoch auch, dass die Preisunterschiede zwischen sehr günstigen und sehr teuren Tarifen noch bedeutsamer sind als das Eintrittsalter.

Quelle: Morgen & Morgen GmbH, Stand: Mai 2003

abschließt, zahlt eine geringere Monatsprämie, denn ab dem 40. und ganz besonders ab dem 50. Lebensjahr steigt das Risiko, berufsunfähig zu werden, dramatisch an. Die Gesellschaften honorieren deshalb einen frühen Versicherungsbeginn mit niedrigen Prämien. Ältere Interessenten erhalten dagegen häufig gar keinen Versicherungsschutz mehr.

Der Beruf – am besten stressfrei und ungefährlich

Höhere Prämien für Berufstätige mit körperlich schweren Arbeiten

Je riskanter der Beruf, desto teurer gestaltet sich der Versicherungsschutz. Riskant bedeutet: Die Versicherung hält es für relativ wahrscheinlich, dass Sie in diesem Beruf tatsächlich irgendwann berufsunfähig werden. Klassische Beispiele sind etwa Fliesenleger, Gleisbauer oder Fahrzeugreiniger (Tabelle „Die gefährlichsten Berufe“ → Seite 13). Hier hält kaum ein Arbeitnehmer bis zur normalen Altersrente durch. Grundsätzlich müssen daher körperlich Tätige mit höheren Prämien rechnen als „Kopfarbeiter“ (mit Ausnahme der Lehrer → Kasten Seite 47). Wer einen besonders riskanten Beruf hat, wird bei vielen Gesellschaften sogar überhaupt nicht versichert. Gerade jene also, die den Berufsunfähigkeitsschutz am dringendsten brauchen, werden von der privaten Versicherungswirtschaft gleich doppelt bestraft: Sie haben in der Regel große Probleme,

Nur gegen Aufpreis

Viele Gesellschaften nehmen riskante Berufe nur gegen Aufpreis, und zwar in Form von saftigen Risikozuschlägen. Betroffen sind vor allem körperlich Tätige, aber auch Künstler.

- Einen Risikozuschlag von 60 Prozent zahlen zum Beispiel:
  Altenpfleger, Bäcker, Bademeister, Busfahrer, Chemiearbeiter, Dachdecker, Drucker, Elektriker, Metallfacharbeiter, Fernsehtechniker, Friseur, Kfz-Mechaniker, Koch, Krankenhauspflegepersonal, Lehrer, Maurer, Rettungssanitäter, Schneider, Tankwart, Tontechniker, Winzer.
- Ein Risikozuschlag von 80 Prozent wird fällig für:
  Arbeiter (an- oder ungelernt), Bergbauarbeiter, Fluglotse, Gastwirt, Holzfäller, Hüttenwerkarbeiter, Kellner, Lagerist, Reinigungspersonal, Transportflieger (zivil), Waldarbeiter.

Quelle: Schweizerische Rentenanstalt

Unerwünscht

Es gibt Berufe, in denen es äußerst schwierig oder nahezu unmöglich ist, eine Berufsunfähigkeitsversicherung zu bekommen. Dazu gehören beispielsweise Berufssportler, Bodyguard, Motorsportler, Bergführer, Stuntman, Sprengmeister, Flugbegleiter, Fluglehrer, Taucher, Artist, Berufsfußballspieler, Musiker, Schriftsteller, Kameramann, Kunstmaler, Pferdewirt, Schausteller, Reporter, Tänzer, Trödler, Fotomodell, Weinprüfer.

Die vier Berufsgruppen

Eingruppierung	berufliche Tätigkeit Beispiele	Risiko
1	Akademiker: Ärzte, Rechtsanwälte, Wirtschaftsprüfer	niedrig
2	Verwaltungs- und kaufmännische Berufe: Bankkaufleute, Verwaltungsangestellte, Sachbearbeiter	normal
3	handwerkliche, leichte körperliche Tätigkeiten: Verkäufer, Mechaniker	erhöht
4	körperliche Tätigkeiten oder Berufe mit hohem Erkrankungspotenzial: Friseure, Dachdecker, Malermeister	hoch

überhaupt eine Versicherung zu finden. Und wenn es Ihnen gelingt, müssen sie hierfür besonders hohe Prämien zahlen.

Einteilung in vier Berufsgruppen üblich

Die meisten Versicherungen arbeiten zur Vereinfachung mit vier Berufsgruppen. In Berufsgruppe 1 sind die aus Sicht der Versicherung „guten Risiken" versammelt, also die am wenigsten riskanten Berufe. Dazu gehören in erster Linie Akademiker mit Schreibtischjob. Wer hier landet, zahlt die niedrigsten Prämien. In den Gruppen 2 und 3 werden die Berufe mit mittlerem Risiko einsortiert. Für die Berufsgruppe 3 erheben die Anbieter zum Teil auch schon Zuschläge. In Berufsgruppe 4 landen schließlich die Risikoberufe. Wer einen solchen Beruf hat, muss mit erheblichen Prämienzuschlägen rechnen, falls er überhaupt versichert wird.

Tipp

Die Berufsgruppeneinteilung kann bei den einzelnen Gesellschaften erheblich abweichen. Suchen Sie daher nach einer Versicherung, die „Ihren" Beruf günstiger einstuft als andere Gesellschaften. Leider können Sie dies nur durch eine Anfrage bei allen von Ihnen in die engere Wahl gezogenen Versicherern ermitteln.

Für körperlich Tätige ist es in der Regel günstiger, eine Versicherung zu wählen, die keine Berufsgruppeneinteilung vornimmt oder nur grob nach zwei Berufsgruppen unterscheidet. Dort werden sie zusammen mit den weniger riskanten Berufen kalkuliert und zahlen damit vermutlich weniger als bei einer hochdifferenzierten Berufsgruppeneinteilung. Anders sieht es für Akademiker aus, beispielsweise für Rechtsanwälte: Für sie ist es günstiger, eine Gesellschaft zu wählen, die stark nach Berufsgruppen differenziert und für gute Risiken besonders günstige Preise anbietet.

Angebote für Hausfrauen und Hausmänner

Auch für Hausfrauen und Hausmänner wird neuerdings von vielen Gesellschaften ein Berufsunfähigkeitsschutz angeboten. Sie werden in der Regel in Berufsgruppe 3 einsortiert, somit etwa mit Elektrikern und Monteuren gleichgestellt und mit 30 bis 40 Prozent Zuschlag belegt. Eine teure Versicherung also, die sich glücklicherweise all jene Hausmänner und -frauen schenken können, die in ihrem früheren bezahlten Arbeitsverhältnis bereits eine Berufsunfähigkeitsversicherung abgeschlossen hatten. Hier gilt: Halten Sie möglichst diesen alten Versicherungsschutz aufrecht. Vermutlich sind Sie dort, etwa als kaufmännische/r

Musiker und Lehrer unerwünscht

Nach einer Leserumfrage der Zeitschrift FINANZtest (07/2002) wurden 306 Zuschriften ausgewertet, mit folgenden Ergebnissen:

In der Stichprobe hatten vor allem Lehrer Probleme, einen vernünftigen Berufsunfähigkeitsschutz zu bekommen. Lehrer gelten offenbar als besonders gefährdet, ihren Job aus psychischen Gründen vorzeitig zu beenden. Ihnen wurden trotz eines teilweise hohen Nettoeinkommens nur Minirenten angeboten.

Eine Blockflötenlehrerin hätte sich mit einer versicherbaren Rente von 1 000 statt der gewünschten 2 000 Euro begnügen müssen. Ein 31-jähriger Musiker holte 60 Angebote ein – einen Vertrag bekam er nicht. Denn ein Musiker ist in besonderer Weise auf sein Gehör und seine psychische Stabilität angewiesen. Und das ist den Versicherungen offenbar zu riskant. Körperlich Tätige wie Fleischer, Lagerarbeiter, oder Fernmeldetechniker konnten sich nur bis zu ihrem 55. Lebensjahr versichern oder mussten gekürzte Renten akzeptieren.

Angestellte/r, in einer günstigeren Berufsgruppe und können zudem eine höhere Monatsrente versichern.

Luftfahrtklausel regelt Versicherungsschutz für das Personal in Flugzeugen

Grundsätzlich sind berufliche Tätigkeiten in der Luft vom Versicherungsschutz ausgeschlossen. Versichert sind lediglich die Kunden in Passagierflugzeugen. Probleme haben somit Piloten und Stewardessen. Es gibt jedoch Versicherungen, die gemäß der so genannten Luftfahrtklausel auch diese Tätigkeiten versichern. Diese Berufsgruppen sollten also darauf achten, dass eine solche Luftfahrtklausel im Vertrag enthalten ist. Betroffen sind davon auch alle Personen, die berufsmäßig Ballon fahren oder segelfliegen. Auch sie müssen darauf achten, dass Luftfahrten mitversichert sind.

Probleme bekommen zunehmend auch Beamte, obwohl sie eigentlich nicht zu den klassischen Risikoberufen zählen. Der Grund: In den letzten Jahren wurden vor allem bei Post, Bahn und Telekom überproportional viele Beamte dienstunfähig geschrieben und kassierten dann zusätzlich eine private Berufsunfähigkeitsrente. Beamte gelten der Versicherungswirtschaft derzeit als unkalkulierbares Risiko, und viele Versicherer haben deshalb die Dienstunfähigkeitsklausel gestrichen, nach der aus beamtenrechtlicher Dienstunfähigkeit automatisch Berufsunfähigkeit in der privaten Versicherung folgt (→ Seite 83).

Tipp für Beamte

Bleiben Sie hartnäckig und versuchen Sie, als Beamter eine Versicherung zu finden, die Sie mit Dienstunfähigkeitsklausel versichert. Als Lehrer sollten Sie möglichst viele – mindestens an 15 Anbieter – Probeanträge gleichzeitig stellen, da mit vielen Ablehnungen und Einschränkungen zu rechnen ist. Wenn diese Anträge scheitern, könnten Sie als „Notnagel" versuchen, kürzere Versicherungszeiten, etwa 10 oder 15 Jahre, zu vereinbaren. Das werden die Versicherer vermutlich akzeptieren. Dieser begrenzte Schutz ist besser als gar keiner. Und nach Ablauf der Versicherungszeit haben Sie als Beamter ohnehin eine recht ordentliche Absicherung. Wichtig: Die Leistungszeit muss bis zum 65. Geburtstag laufen.

Der Gesundheitszustand – am besten topfit

Im Versicherungsantrag unbedingt ehrliche und vollständige Angaben machen

Gesund oder krank? Dieses Merkmal entscheidet noch mehr als der Beruf darüber, ob und zu welchem Preis Sie einen Versicherungsschutz bekommen. Wer absolut gesund ist, hat keine Probleme und kann mit niedrigen Prämien rechnen. Doch das ist die Ausnahme. Immerhin ergab eine FINANZtest-Umfrage: Nur jeder sechste Interessent bekam seinen Vertrag zu den gewünschten Konditionen. Ausschlüsse, verkürzte Versicherungszeiten und reduzierte Rentenhöhen waren nahezu die Regel.

Im Versicherungsantrag müssen Sie sämtliche Krankheiten und Behandlungen angeben. Dabei macht Schummeln überhaupt keinen Sinn. Wenn Sie etwas verschweigen, begehen Sie im Versicherungsdeutsch eine vorvertragliche Anzeigepflichtverletzung. Eine solche Nachlässigkeit ist extrem gefährlich, da die Versicherung später im Ernstfall vom Vertrag zurücktreten kann. Genau dann, wenn Sie die Versicherung brauchen, würden Sie in diesem Fall ohne Versicherungsschutz dastehen.

Wer jedoch im Versicherungsantrag ehrlich alle Leiden angibt, muss damit rechnen, dass genau jene Bereiche durch einen so genannten Ausschluss vom Versicherungsschutz ausgeklammert oder mit einer Prämienerhöhung in Form eines Risikozuschlags bestraft werden. Schlimmer noch: Wer beispielsweise unter Allergien leidet, ein schweres Rückenleiden hat oder sich schon einmal einer psychiatrischen oder psychotherapeutischen Behandlung unterzogen hat, muss damit rechnen, gar keinen Versicherungsschutz zu bekommen. Den Versicherungen ist das Risiko einer späteren Berufsunfähigkeit einfach zu hoch. Immerhin sind psychische Erkrankungen mit 35 Prozent bei Frauen die häufigste Ursache der Berufsunfähigkeit und bei den Männern mit 22 Prozent die zweithäufigste.

Risikokunden unerwünscht!

Genau jene Personen, die eine Berufsunfähigkeitsversicherung am dringendsten brauchen, haben kaum eine Chance auf eine Police, beispielsweise Allergiker, Herzinfarkt-Patienten, Diabetiker, Epileptiker oder Personen mit schweren Bandscheibenschäden. Sogar Interessenten mit nachweislich ausgeheilten Erkrankungen werden von „risikoscheuen“ Gesellschaften häufig abgelehnt. So erging es auch einer 17-jährigen angehenden Bürokauffrau. Sie ist gesund und betreibt beschwerdefrei Jogging, Schwimmen, Tanzen und alpines Skilaufen. Und obwohl ihr gleich mehrere Ärzte bescheinigten, dass ihre Skoliose (seitliche Verkrümmung der Wirbelsäule) vollständig ausgeheilt sei, bekam sie keine Versicherung.

Ablehnungen, Ausschlüsse und Zuschläge

- **Mit einer Ablehnung müssen Antragsteller bei folgenden Erkrankungen rechnen:**
  Angststörungen
  Angina Pectoris
  rheumatische Arthritis
  Bulimie
  depressive Erkrankungen
  Diabetes mellitus
  Epilepsie
  phobische Störungen
  Schilddrüsenüberfunktion
- **Bei folgenden Erkrankungen wird der jeweilige Problembereich in der Regel vom Versicherungsschutz ausgeklammert:**
  Akne
  Bluthochdruck
  Bandscheibenvorfall
  chronische Bronchitis
  BWS/HWS/LWS- Syndrom
  Degeneration der Wirbelsäule
  chronische Dermatitis
  Heuschnupfen
  Hörsturz
  Hüft- und Kniegelenkarthrose
  Kurz-/Weitsichtigkeit über acht Dioptrien
  Neurodermitis
  mehrmalige Sehnenscheidenentzündung
  Schuppenflechte
  Tinnitus
- **Risikozuschläge von 30 bis 100 Prozent sind normalerweise fällig bei:**
  chronische Blasenentzündung
  Endometriose
  chronische Gastritis
  Hämorrhoiden
  mittelgradige Krampfadern
  Myome
  Schilddrüsenunterfunktion

zitiert nach FINANZtest 07/2002

Bestehende Krankheiten zu verschweigen, hilft aber gar nichts, denn die Versicherung prüft die Vorerkrankungen im Fall einer tatsächlich eintretenden Berufsunfähigkeit genau nach. Wenn dann herauskommt, dass bewusst Erkrankungen verschwiegen wurden, muss die Versicherung wegen arglistiger Täuschung nicht leisten. Der Verbraucher hätte also jahrelang Beiträge gezahlt und würde am Ende doch ohne Versicherungsschutz dastehen. Der Streit um solche tatsächlichen oder vermeintlichen „Falschangaben" ist vermutlich der häufigste Grund für spätere Rechtsstreitigkeiten um die Rente.

Besonders ärgerlich für den erkrankten Kunden ist folgender Umstand: Auch wenn er ehrlich zum Beispiel ein Rückenleiden angibt und daraufhin die Wirbelsäule sowie große Teile des Bewegungsapparats vom Versicherungsschutz ausgenommen werden, spart er keinen Cent Beitrag. Obwohl die Versicherung also aufgrund des Ausschlusses, verglichen mit einem kerngesunden Kunden, erheblich weniger Risiken tragen muss, verlangt sie dennoch den vollen Beitrag.

Wer Vorerkrankungen ehrlich angibt – und das sollte unbedingt geschehen –, zahlt mehr, muss mit Ausschlüssen rechnen oder bekommt gar keinen Versicherungsschutz. Auch aus diesem Grund ist es sinnvoll, eine Berufsunfähigkeitsversicherung möglichst früh abzuschließen. Denn wer jung ist, hat normalerweise weniger Vorerkrankungen.

Ausschluss oder Risikozuschlag

Versicherte mit Vorerkrankungen werden entweder mit einem Risikozuschlag (→ Kasten links) bestraft, oder die mit der Vorerkrankung verbundenen möglichen Folgen werden vom Versicherungsschutz ausgeklammert. Welches Instrument angewandt wird, darüber kann der Kunde in der Regel nicht entscheiden. Im Zweifel wäre der Risikozuschlag das „mildere" Mittel, falls der Beitrag hierdurch nicht „unbezahlbar" wird.

Hobbys – je riskanter, desto teurer

Neben Alter, Beruf und Gesundheitszustand sind die meisten Versicherungen auch an riskanten persönlichen Vorlieben interessiert. Auch danach wird in der Regel im Versicherungsantrag gefragt. Wer also als Hobby Bergsteigen, Gleitschirmfliegen, Tauchsport oder Fallschirmspringen betreibt, muss mit erheblichen Prämienzuschlägen rechnen – oder wird eventuell sogar abgelehnt.

Beispiele für Zuschläge: gefährliche Hobbys

Hobby	Zuschlag	Schlussalter (maximale Versicherungsdauer)
Ballonfahrer	ohne Zuschlag	
Boxer (Amateur)	nicht versicherbar	
Drachenflieger	80 %	55
Fallschirmspringer	80 %	55
Gleitschirmflieger	80 %	55
Rennfahrer	nicht versicherbar	
Rennreiter	60 %	
Springreiter	60 %	
Tauchlehrer	nicht versicherbar	
Ultraleichtflieger	80 %	55

Quelle: Schweizerische Rentenanstalt, 2000

Auch Raucher zahlen vielfach mehr für ihren Versicherungsschutz als Nichtraucher. Raucher werden – so argumentieren einige Versicherer – häufiger krank und somit auch schneller berufsunfähig. Andererseits bedeutet dies, dass Nichtraucher durch geschickte Wahl des Versicherers Geld sparen können. Doch auch die Versicherungsbedingungen müssen stimmen. Nur dann sollten Sie einen Nichtrauchertarif nutzen. Einen Preisvergleich der Angebote für Nichtraucher finden Sie im Anhang auf Seite 138.

Der zweite Schritt: die optimale Gestaltung des Vertrags

An Ihren Vorerkrankungen können Sie nichts mehr und an Ihrem Beruf und Ihrem Hobby zumindest kurzfristig wenig ändern. Um so wichtiger ist es im zweiten Schritt, dass Sie dort, wo Sie über die Ausgestaltung des Vertrags selbst entscheiden können, entweder Ihre gute Position optimal verwerten oder wenigstens noch das Bestmögliche für sich herausholen. Denn der Wirrwarr an Tarifwerken und Klauseln bietet für den, der durchblickt, auch gute Chancen. Wer jedoch die falschen Entscheidungen trifft, muss mit einem zweitklassigen Versicherungsschutz leben. Ganz wichtig ist es jedoch in dieser Phase, Ihren Bedarf zu klären. Das heißt zu prüfen: Wie groß ist im Ernstfall Ihre Versorgungslücke? Dies entscheidet im Wesentlichen über die Rentenhöhe, die Sie vereinbaren sollten.

Die Höhe der vereinbarten Rente

Grundsätzlich sollten Sie versuchen, für den Ernstfall möglichst Ihr jetziges Nettoeinkommen abzusichern. Wer beispielsweise über ein Nettoeinkommen von 3 000 Euro verfügt, sollte möglichst auch eine Berufsunfähigkeitsrente in Höhe von 3 000 Euro vereinbaren. Schließlich laufen vor allem für jüngere Versicherte die erheblichen Kosten für Familie, Hausfinanzierung etc. weiter.

Und Sie müssen davon ausgehen, dass Sie möglicherweise aus gesundheitlichen Gründen gar nichts mehr tun können.

Bis zu drei Viertel des Nettogehalts lassen sich problemlos absichern

Allerdings lassen sich nur wenige Versicherer auf eine volle Absicherung des Nettoeinkommens ein. In der Regel können Sie problemlos zwei Drittel bis drei Viertel Ihres Nettogehalts versichern. Für Arbeitnehmer dürfte dies in der Regel reichen, da sie bei einer schwerwiegenden Erkrankung zusätzliche Ansprüche aus einer gesetzlichen Erwerbsminderungsrente haben. Dann könnte die Rechnung so aussehen:

Bei einem Nettoeinkommen von 3 000 Euro und Anspruch auf eine volle Erwerbsminderungsrente von 1 500 Euro würde die Versorgungslücke 1 500 Euro betragen. Sogar 2 250 Euro Versorgungslücke wären es, wenn Sie bei gleichem Nettoeinkommen nur Anspruch auf eine halbe Erwerbsminderungsrente von 750 Euro hätten.

So groß ist Ihre Versorgungslücke

Die Tabelle zeigt überschlägig, wie viel Ihnen von Ihrem bisherigen Nettoeinkommen bei einer Erwerbsminderung fehlt. Unterstellt wird in der groben Beispielrechnung ein 30-jähriger Lediger, der bislang nahezu ein gleichmäßiges Einkommen in der angegebenen Höhe erreicht hat und aus der Rentenkasse entweder die volle oder die halbe Erwerbsminderungsrente bezieht. (Alle Angaben in Euro)

Nettoeinkommen	volle Erwerbsminderungsrente	Versorgungslücke	halbe Erwerbsminderungsrente	Versorgungslücke
4000	1500	2500	750	3250
3000	1500	1500	750	2250
2000	1300	700	650	1350
1000	600	400	300	700

Anmerkung: Die Spitzenverdiener mit 3 000 bzw. 4 000 Euro Nettoeinkommen bekommen eine gleich hohe Erwerbsminderungsrente, da sie beide oberhalb der so genannten Beitragsbemessungsgrenze in der gesetzlichen Rentenversicherung liegen und somit gleich viel in die Rentenversicherung einzahlen.

Beachten Sie jedoch: Auch bei zweifelsfrei erwiesener Berufsunfähigkeit ist die Anerkennung einer Erwerbsminderungsrente durch die BfA oder LVA keineswegs sicher. Denn Voraussetzung hierfür ist, dass Sie *überhaupt keinen* Job mehr länger als sechs Stunden täglich verrichten können. Und die volle Erwerbsminderungsrente gibt es erst, wenn Sie noch nicht einmal mehr drei Stunden täglich einen wie auch immer gearteten Dienst tun können (→ Seite 17). Und so krank sind nur wenige. Um Ihren Lebensstandard halbwegs zu halten, ist also die Vereinbarung einer monatlichen Berufsunfähigkeitsrente in Höhe von 2 000 Euro sinnvoll.

Es kann durchaus sein, dass Sie bei einer schweren Erkrankung später Zahlungen aus der privaten Berufsunfähigkeitsversicherung, aus der gesetzlichen Erwerbsminderungsrente sowie aus einem betrieblichen Zusatzversorgungssystem (VBL für Beschäftigte des öffentlichen Dienstes) erhalten und obendrein noch eine Unfallrente gezahlt bekommen. All diese Zahlungen werden nicht gegeneinander angerechnet und können sogar Ihr altes Nettoeinkommen übersteigen. Theoretisch jedenfalls, denn Sie sollten wissen: Sobald die private Berufsunfähigkeitsversicherung von dieser Konstellation erfährt, wird der Fall ganz außergewöhnlich gründlich geprüft. Die Versicherungen wollen nämlich nur im äußersten Notfall zahlen. Wer so gut abgesichert ist, dass er mehr als vorher bekommt, dem wird schnell eine Betrugsabsicht unterstellt.

›› Ausreichende Rente vereinbaren

Beate-Kathrin Bextermöller von FINANZtest warnt davor, eine zu niedrige Rentenhöhe zu vereinbaren: „Die meisten Versicherten unterschätzen den tatsächlichen Bedarf. Sie sollten damit rechnen, dass Sie im schlimmsten Fall gar nichts mehr tun können. Dann brauchen Sie sogar eine bezahlte Haushaltshilfe! Außerdem sollten Sie die Inflation berücksichtigen. Günstig sind deshalb Verträge mit Nachversicherungsgarantien (→ Seite 76). Dann können Sie später den Versicherungsschutz noch erhöhen und damit den gestiegenen Bedürfnissen flexibel anpassen."

● Selbständige Berufsunfähigkeitsversicherung oder Kombiprodukt?

Wenn von einer Berufsunfähigkeitsversicherung die Rede ist, ist in der Regel eine „BUZ", also eine **B**erufs**u**nfähigkeits-**Z**usatzversicherung gemeint. Hierbei ist der Berufsunfähigkeitsschutz sozusagen auf einen Lebensversicherungsvertrag draufgesattelt. Der Kunde kauft als Hauptprodukt eine Kapitallebens- oder Risikolebensversicherung und kombiniert diese mit einer BUZ.

Selbständige Berufsunfähigkeitsversicherung oder Risikolebensversicherung plus BUZ: Eine Berufsunfähigkeitsversicherung allein, also eine selbständige Berufsunfähigkeitsversicherung, gab es bis vor kurzem nur bei wenigen Gesellschaften. Obendrein war dieses Soloprodukt fast immer teurer als die Kombination von Risikolebens- und Berufsunfähigkeitsversicherung.

Das hat sich geändert: Eine Vielzahl von Gesellschaften bietet mittlerweile auch eine selbständige Berufsunfähigkeitsversicherung an. Und diese ist – wie die Tabelle rechts zeigt – auch

Preisvergleich:
Selbständige Berufsunfähigkeitsversicherung – Risikolebensversicherung mit BUZ

Voraussetzungen: Mann, kaufmännischer Angestellter, Eintrittsalter 30, Endalter 65, Risiko mit BUZ Versicherungsschutz 50 000 Euro, monatliche BU-Rente 1 000 Euro, monatliche Zahlweise, Überschusssystem optimiert

	Selbständige Berufsunfähigkeitsversicherung			Risikolebensversicherung mit BUZ		
Gesellschaft	**BU-Tarifvariante**	**Brutto***	**Netto***	**BUZ-Tarifvariante**	**Brutto***	**Netto***
mamax	Standard BU	50,81	35,57	Standard BUZ	70,81	32,05
neue Leben	Comfort BUplus	61,00	37,21	Comfort BUZplus	89,42	55,03
Thuringia Generali	Bedingungen BG 1	49,97	37,78	Bedingungen BG 1	78,75	55,72
Thuringia Generali	Erweiterte Bedingungen	52,87	39,97	Erweiterte Bedingungen	81,67	57,93
Aachener & Münchener	Standard BU	58,10	40,67	Standard BUZ	91,88	59,31
Thuringia Generali	Maximalbedingungen	58,00	43,85	Maximalbedingungen	86,82	61,82
Continentale	Standard BU	86,20	45,13	Standard BUZ	110,04	56,47
LV von 1871	Classic BU	68,21	47,75	Classic BUZ	99,20	62,80
Neue BBV	Basis-BU	69,28	48,50	Basis-BUZ	89,24	57,97
VGH Versicherungen	Top-SBV	90,10	49,55	Top-BUZ	113,81	72,93
Dialog	Standard BU	76,12	53,28	Standard BUZ	97,88	67,16
Allianz	Standard BU	61,39	53,41	Standard BUZ	90,30	65,56
Bayern Versicherung	Standard BU	82,20	55,16	Standard BUZ	105,62	67,25
Bay. Beamten	Basis-BU	74,92	56,19	Basis-BUZ	95,40	67,87
Allianz	Vorsorge Plus	65,00	56,55	Vorsorge Plus	93,88	68,31
Dialog	Erweiterte Bedingungen	94,77	56,86	Erweiterte Bedingungen	115,59	70,71
Stuttgarter	Standard BU	81,69	57,18	Standard BUZ	102,52	75,16
Alte Leipziger	Standard BU	79,67	57,36	Standard BUZ	104,92	72,17
Gerling	Standard BU	81,44	57,37	Standard BUZ	107,25	78,56
AXA	Standard SBU	75,98	57,49	Standard BUZ	100,29	69,55
Neue BBV	Super-BU	83,32	58,32	Super-BUZ	102,46	63,22
Zürich	Bedingungen BG 1-3	88,98	59,28	Bedingungen BG 1-3	100,48	70,76
LV von 1871	Golden BU	86,21	60,35	Golden BUZ	116,50	74,04
Inter	Standard BU	79,88	60,41	Standard BUZ	111,65	73,81
DBV Winterthur	Standard BU	81,27	60,95	Standard BUZ	106,13	70,88
Öfftl. Berlin	Classic BU	82,20	61,65	Classic BUZ	105,50	72,80
Karlsruher	Standard BU	82,09	62,54	Standard BUZ	117,73	84,07
KHK	Standard BU	82,09	62,54	Standard BUZ	108,19	75,90
Berlinische Leben	BU-Plus BG 1-3	79,21	63,67	BUZ-Plus BG 1-3	105,65	67,21

* Prämie in Euro. Sortiert nach Nettoprämie der selbständigen Berufsunfähigkeitsversicherung.

Die Tabelle zeigt, dass die selbständigen BU-Produkte in fast allen Fällen mittlerweile günstiger angeboten werden als das vergleichbare Standard-BUZ-Produkt. Ein anderes Bild könnte sich ergeben, wenn statt der 50 000 Euro Versicherungssumme in der Risikolebensversicherung eine deutlich geringere Versicherungssumme gewählt würde.

Quelle: Morgen & Morgen GmbH, Stand: Mai 2003

nicht mehr teurer, sondern in vielen Fällen sogar deutlich günstiger als das Standardprodukt aus Risikolebensversicherung plus BUZ. Wer also gezielt nur die Berufsunfähigkeit absichern möchte, weil er keine Familienangehörigen absichern muss oder bereits eine Risikolebensversicherung abgeschlossen hat, sollte durchaus eine selbständige Berufsunfähigkeitsversicherung in Erwägung ziehen. Im Einzelfall bleibt es jedoch ein Rechenexempel. Es gibt Versicherer, die sich mit sehr geringen Versicherungssummen in der Risikolebensversicherung zufrieden geben (5 000 oder 10 000 Euro) – in solchen Fällen wird das Kombiprodukt mitunter noch immer günstiger angeboten als der selbständige Tarif.

Grundsätzlich empfehlen Versicherungsexperten, verschiedene Versicherungsarten möglichst getrennt abzuschließen. Dies hätte in diesem Fall den Vorteil, dass Sie sich bei der Berufsunfähigkeitsversicherung gezielt für einen Versicherer mit besonders guten Versicherungsklauseln entscheiden können, denn in dieser Versicherungssparte sind gute Versicherungsbedingungen besonders wichtig. Bei der Risikolebensversicherung hingegen sind die Bedingungen der Anbieter nahezu identisch. Diese Versicherung können Sie primär nach dem Preis auswählen.

Allerdings macht andererseits für viele die klassische Kombination von Berufsunfähigkeitsrente und Risikolebensversicherung durchaus Sinn. Mit diesen beiden Versicherungen lässt sich eine Familie gegen die existenziellen Risiken Tod und Invalidität des Ernährers optimal absichern. Und dies in einen Vertrag zu packen, dürfte in vielen Fällen günstiger sein, weil dann nur einmal die so genannten Stückkosten berechnet werden.

Doch keine Regel ohne Ausnahme: Möglicherweise ist der gewünschte Versicherer im Bereich Berufsunfähigkeit zwar gut und preiswert, bietet aber nur einen relativ teuren Risikoschutz. Dann können sich durchaus zwei Verträge lohnen.

Tipp: Ein oder zwei Verträge? Ein Rechenexempel

Falls Sie ohnehin eine (höhere) Risikolebensversicherung – zum Beispiel mit einer Versicherungssumme in Höhe von 300 000 Euro – benötigen, um Ihre Familie abzusichern, könnte Ihre Strategie so aussehen: Suchen Sie eine gute Berufsunfähigkeitsversicherung und lassen Sie sich zwei Angebote machen.

- Erstens die gewünschte Berufsunfähigkeitsversicherung als selbständigen Tarif beziehungsweise als preisoptimierte Variante mit einer sehr geringen Versicherungssumme (falls dies günstiger sein sollte als der selbständige Tarif).
- Zweitens die gleiche Berufsunfähigkeitsversicherung als BUZ zu der tatsächlich gewünschten Risikolebensversicherung in Höhe von 300 000 Euro.

Bilden Sie die Differenz der beiden Angebote. Jetzt wissen Sie, was Sie für die Versicherungssumme in Höhe von 300 000 Euro bei dem von Ihnen ausgewählten Berufsunfähigkeitsversicherer zahlen müssen.

Suchen Sie sich nun eine günstige Direktversicherung (beachten Sie hier die Untersuchung in Finanztest 05/2003), und holen Sie ein Angebot über eine Riskolebensversicherung über 300 000 Euro ein.

Ist dieses Angebot deutlich günstiger, so lohnt sich der Abschluss von zwei Verträgen. Andernfalls ist die Lösung Risikolebensversicherung plus BUZ in einem Vertrag besser.

Kapitallebensversicherung plus BUZ: Die meisten unabhängigen Versicherungsexperten halten eine Kombination von Kapitallebens- und Berufsunfähigkeitsversicherung für wenig sinnvoll. Die Kapitallebensversicherung selbst ist nämlich bereits eine – als unvorteilhaft eingestufte – Kombination von einer Risikolebensversicherung mit einem weitgehend intransparenten

Sparvorgang. Der Kunde weiß bis zur Auszahlung nicht, was am Ende herauskommt.

In Zukunft eher geringere Verzinsung zu erwarten

Bereits in der Vergangenheit lag die Verzinsung der über die Jahre eingezahlten Prämien mitunter nur bei kümmerlichen drei bis vier Prozent, vor allem wegen hoher Kosten und eines schlechten Anlagemanagements. Künftig dürfte die Verzinsung in vielen Fällen jedoch noch stärker in den Keller gehen. Garantiert wird von den Versicherungen zwar ein Mindestzins, der bei aktuellen Verträgen 3,25 Prozent (ab 1. Januar 2004: 2,75 Prozent) beträgt. Doch gezahlt wird dieser Garantiezins nur auf den so genannten Sparanteil. Vereinfacht ausgedrückt heißt das: Von den eingezahlten Beiträgen werden zunächst die Vertriebs- und Verwaltungskosten sowie die Kosten für die eingeschlossene Risikolebensversicherung abgezogen. Nur der verbleibende Rest wird verzinst. FINANZtest ermittelte, dass der Sparanteil bei Kapitallebensversicherungen je nach Anbieter bei einem über 35 Jahre durchgehaltenen Vertrag nur zwischen 60 und 80 Prozent lag. Nur rund zwei Drittel der Beiträge also wandern tatsächlich in den Spartopf. Schließt ein Kunde nun noch eine BUZ ab, vermindert dies den Sparanteil zusätzlich und drückt die Rendite noch weiter.

Nur kümmerliche Rückkaufwerte

Wie teuer das Produkt Kapitallebensversicherung den Kunden zu stehen kommen kann, zeigt ein Blick auf die Rückkaufwerte, also jene Beträge, die ein Kunde erhält, wenn er die Versicherung kündigt. So dauert es in vielen Fällen zehn Jahre oder mehr, bis er als Rückkaufwert wenigstens die bis dahin eingezahlten Beiträge zurückerhält. Im Klartext: Rund ein Jahrzehnt gibt es praktisch keine Zinsen auf die geleisteten Beiträge.

Die Kombination aus Kapitallebensversicherung und BUZ ist jedoch nicht nur wenig vorteilhaft, sie kann sogar gefährlich werden. Denn der BUZ-Vertrag wird durch den daran gekoppelten Sparvertrag recht teuer. Wenn ein Kunde – beispielsweise durch Arbeitslosigkeit – in Zahlungsschwierigkeiten gerät und den Vertrag kündigen oder beitragsfrei stellen muss, steht er ohne Berufsunfähigkeitsschutz da. Denn die BUZ kann nicht isoliert ohne die Hauptversicherung, in diesem Fall die Kapitallebensversicherung, weitergeführt werden. Und bei fortgeschrittenem Lebensalter und den mittlerweile „angesammelten" Vorerkrankungen lässt sich dieser verlorene Versicherungsschutz später kaum noch wiederherstellen. Die neue Versicherung, falls denn überhaupt noch eine zu bekommen ist, würde viel zu teuer. Übrigens sind vorzeitig gekündigte Kapitallebensversicherungen gar nicht selten. Allenfalls die Hälfte aller Verträge wird bis zum Ende durchgehalten. Die andere Hälfte wird – in der Regel mit großen Verlusten – vorzeitig gekündigt.

›› Geldanlage von Versicherung trennen!

Der Versicherungsberater Rüdiger Falken urteilt: „Alle Argumente gegen eine Kapitallebensversicherung gelten genauso gegen die Kombination aus Kapitallebensversicherung und BUZ. Ich empfehle, Geldanlage und Versicherung zu trennen und möglichst alles einzeln abzuschließen. Damit halten Sie auch das Risiko in Grenzen. Wer zum Beispiel als Selbständiger unbedingt eine Kapitallebensversicherung abschließen will, riskiert bei eventuellen späteren Zahlungsschwierigkeiten wenigstens nicht seinen Berufsunfähigkeitsschutz, wenn er gezwungen sein sollte, die Lebensversicherung zu kündigen oder beitragsfrei zu stellen."

Kapitallebensversicherung wenn überhaupt, dann getrennt von Berufsunfähigkeitspolice abschließen

Wenn Sie trotz aller Gegenargumente unbedingt eine Kapitallebensversicherung abschließen möchten, sollten Sie dies getrennt von der Absicherung gegen Berufsunfähigkeit machen. So bleiben Sie in jedem Fall flexibler und riskieren bei eventuellen späteren Zahlungsschwierigkeiten nicht den Berufsunfähigkeitsschutz. Achten Sie bei der Auswahl der Gesellschaft darauf, ob diese in der Vergangenheit ihre Prognosen erfüllen konnte und wie wahrscheinlich es ist, dass sie mit ihren aktuellen Zinserträgen und Bewertungsreserven („stille Reserven") ihre aktuellen Versprechungen halten kann. Näheres erfahren Sie aus dem Test „Kapitallebensversicherung" der STIFTUNG WARENTEST in FINANZtest 04/2002.

Rentenversicherung plus BUZ: Was spricht für eine private Rentenversicherung mit BUZ? Prinzipiell nicht viel. Denn die private Rentenversicherung ist ebenfalls eine Art Lebensversicherung. Sie unterscheidet sich von der Kapitallebensversicherung grundsätzlich durch den fehlenden Todesfallschutz. Stirbt der Versicherungsnehmer, wird nicht die Versicherungssumme ausbezahlt, sondern in der Regel nur die bis dahin geleisteten Beiträge. Das macht dieses Produkt – verglichen mit der Kapitallebensversicherung – etwas preiswerter. Empfehlenswert ist es deshalb im Vergleich zur Kapitallebensversicherung für alle, die keine Angehörigen absichern müssen oder möchten.

Wette auf ein langes Leben

In der Auszahlphase im Rentenalter ist die Privatrente eine Wette auf ein langes Leben. Während nämlich bei einer Kapitallebensversicherung die Summe, die der Versicherte erhält, am Auszahlungstag feststeht, ist sie bei der privaten Rentenversicherung ungewiss. Die Versicherung kalkuliert hier mit der statistisch noch verbleibenden durchschnittlichen Lebensdauer des Versicherten. Stirbt dieser früher, gewinnt die Versicherung, stirbt er sehr viel später, war es ein gutes Geschäft für den Versicherten. Tatsächlich ist die Privatrente nur für Versicherte, die sehr alt werden, wirklich rentabel. Sonst gilt ähnlich wie bei der Kapitallebensversicherung: Die Kosten für Vertrieb und Verwaltung sind hoch und die Renditen folglich im Schnitt bescheiden.

Ihre Auszahlungsversprechungen aus der Vergangenheit konnten die Versicherer vor allem in jüngster Zeit nur selten einhalten. Was außerdem viele nicht bedenken: Auch nach Beginn der Auszahlphase ist die Höhe der Rente in der privaten Rentenversicherung keineswegs sicher. Theoretisch können die Versicherer Jahr für Jahr die Zahlungen aus der Überschussbeteiligung kürzen. So wurden gerade in 2003 die laufenden Privatrenten aufgrund der schlechten Lage am Kapitalmarkt in vielen Fällen um ein Drittel gekürzt. Für Rentner, die fest mit der Privatrente gerechnet hatten, ist das ein schwerer Schlag.

Nicht voreilig Privatrente abschließen

Grundsätzlich gilt: Lassen Sie sich nicht zu einer Privatrente in Kombination mit einer BUZ überreden! Es handelt sich dabei um ein der Kapitallebensversicherung verwandtes Produkt. Trennen Sie möglichst Berufsunfähigkeitsschutz und Altersvorsorge. Für diese unterschiedlichen Ziele sollten Sie auch unterschiedliche Produkte einsetzen.

Für Selbständige kann Kombinationsprodukt – auch aus steuerlichen Gründen – interessant sein

Lediglich für Selbständige, die im Alter keine Ansprüche aus der gesetzlichen Rentenversicherung haben, könnte ein BUZ-Vertrag, kombiniert mit einer privaten Renten- oder Kapitallebensversicherung, Sinn machen. Voraussetzung ist jedoch, dass im Leistungsfall die Hauptversicherung, also die Lebensversicherung, beitragsfrei und möglichst dynamisch weitergeführt wird, damit im Alter ein ausreichendes Einkommen gesichert ist.

Selbständige sollten auch die steuerlichen Aspekte bedenken: Wenn sie ihre Beiträge für die private Krankenversicherung zum Beispiel durch die Wahl eines so genannten Großschadentarifs – mit hoher Selbstbeteiligung – niedrig halten, haben sie im Rahmen der steuerlich abzugsfähigen Sonderausgaben möglicherweise noch Luft und können ihre Lebensversicherungsbeiträge von der Steuer absetzen.

Tipp

Wenn es Ihnen vor allem auf die Berufsunfähigkeitsrente ankommt und der Todesfallschutz zweitrangig ist, lassen Sie sich auch Beispiele mit geringerer Versicherungssumme in der Risikolebensversicherung vorrechnen. Möglicherweise – aber nicht zwingend – reduziert dies die Monatsprämie.

Konkret heißt das, dass sich für Selbständige auch eine Kapitallebensversicherung im Einzelfall durchaus lohnen kann, vor allem wenn sich Vater Staat kräftig daran beteiligt. Dennoch sollten sich Selbständige auch in diesem Fall stets der Risiken solcher relativ teuren Kombiprodukte bewusst sein: Kann die Prämie für die Kapitallebens- oder private Rentenversicherung in Krisenzeiten nicht mehr aufgebracht werden, geht damit auch der Berufsunfähigkeitsschutz verloren.

Fazit: Allenfalls für Selbständige kommt also eine BUZ-Kombination mit Kapitallebensversicherung oder Privatrente infrage. In den meisten Fällen sinnvoller ist die Kombination aus einer Risikolebens- und Berufsunfähigkeitsversicherung. Diese Version ist wesentlich billiger und lässt somit auch noch genügend Spielraum für eine zusätzliche private Altersvorsorge.

Versicherungssumme in der Risikolebensversicherung

Angenommen, Sie entscheiden sich für eine Kombination von Berufsunfähigkeits- und Risikolebensversicherung. Dann stellt sich nicht nur die Frage, wie die Berufsunfähigkeitsrente bemessen sein, sondern auch, wie hoch die Versicherungssumme in der Hauptversicherung, also der Risikopolice gewählt werden sollte. Angeboten wird von den Versicherern hier häufig eine Versicherungssumme von 50 000 Euro. Aber auch geringere Beträge sind möglich, um die Monatsprämie zu senken.

Allerdings lässt sich die Versicherungssumme in der Hauptversicherung nicht beliebig reduzieren. Als Faustregel gilt: Der Versicherer verlangt als Versicherungssumme in der Risikolebensversicherung mindestens 62,5 Prozent der versicherten Jahresrente bei Berufsunfähigkeit. Beispiel: Wer 1 000 Euro Monatsrente – also 12 000 Euro Jahresrente – versichert, muss mindestens 7 500 Euro (= 62,5 Prozent von 12 000 Euro) als Versicherungssumme wählen. Eine auf diese Weise minimierte Versicherungssumme nutzt den Angehörigen im Todesfall natürlich nicht viel. An diese Möglichkeit sollten also ausdrücklich nur diejenigen denken, die auf den Todesfallschutz weniger oder gar keinen Wert legen.

Dynamik oder Nachversicherungsgarantie?

Wer heute eine Berufsunfähigkeitsversicherung abschließt, sollte grundsätzlich darauf achten, dass er die versicherte Rentenhöhe in Zukunft an die gestiegenen Bedürfnisse anpassen kann. Das wird als Dynamisierung bezeichnet. Nur so ist sichergestellt, dass die Rente auch in 10, 20 oder 30 Jahren noch ausreicht. Unterbleibt dies, kann es passieren, dass die aktuell vereinbarte Rente von zum Beispiel 2 000 Euro aufgrund der Geldentwertung später nur noch die Hälfte wert ist.

So viel frisst die Inflation

Von 1000 Euro Rente bleiben real an Kaufkraft übrig

	bei einer Inflation von 1 %	2 %	3 %
nach 10 Jahren	905,29	820,35	744,09
nach 15 Jahren	861,35	743,01	641,86
nach 20 Jahren	819,54	627,97	553,68
nach 25 Jahren	779,77	609,53	477,61
nach 30 Jahren	741,92	552,07	411,99

Als Alternative zur Dynamisierung könnten Sie natürlich auch den Vertrag von Beginn an mit einer überhöhten Summe abschließen. Doch das hätte viele Nachteile: Sie zahlen von Anfang an sehr hohe Beiträge, vermutlich mehr, als Sie sich eigentlich leisten können. Und dennoch wissen Sie nicht, ob die abgeschlossene Rente reichen wird, da Sie nicht wissen können, wie sich die Inflation entwickeln wird.

Dynamisierungsschritte flexibel handhaben

Viel sinnvoller ist da eine automatische Dynamisierung des Versicherungsvertrags, zum Beispiel um 3 oder 5 Prozent jährlich. Damit steigen allerdings auch die Monatsprämien. Ein Problem bei der Dynamisierung ergibt sich dadurch, dass für die jeweiligen Erhöhungen stets das aktuelle Lebensalter gilt. Deshalb wird der aufgrund der Dynamisierung erhobene Zusatzbeitrag immer teurer. Zunächst werden Sie dies kaum merken, doch nach ein paar Jahren stellen Sie möglicherweise fest: Die Gesamtprämie wird immer teurer und überfordert Sie irgendwann sogar. Die Lösung für den Versicherten besteht darin, nicht alle Dynamisierungsschritte mitzumachen. Er kann problemlos bis zu zwei aufeinander folgende Erhöhungen ablehnen. Bei der dritten Ablehnung allerdings wird die Dynamik insgesamt gestoppt. Es bleibt dann bei dem erreichten Niveau. Wer seinen Beitrag einigermaßen niedrig halten will, kann also jeweils zweimal ablehnen und jeden dritten Dynamisierungsschritt mitmachen, wie das Schaubild links zeigt. Experten empfehlen grundsätzlich, die Dynamik ab dem 50. Geburtstag kritisch zu prüfen und spätestens mit 55 Jahren zu stoppen.

Kosten begrenzen, Dynamisierungsschritte auslassen

2003	Erhöhung
2004	Auslassung
2005	Auslassung
2006	Erhöhung
2007	Auslassung
2008	Auslassung
2009	Erhöhung
2010	Auslassung
(...)	

Eine gute Alternative zur automatischen Dynamik stellt eine Nachversicherungsgarantie dar, das heißt ein flexibles Recht zur Leistungsanpassung. Dann hat es der Versicherte selbst in der Hand, den Umfang seines Versicherungsschutzes zu steuern, falls sich die Lebensumstände plötzlich ändern. Viele Versicherer knüpfen diese Möglichkeit an Tatbestände wie Jobwechsel, Heirat oder Scheidung. Vorteilhaft ist es, wenn der Versicherer

›› Flexibel den eigenen Bedürfnissen anpassen

Frank Braun vom Bund der Versicherten urteilt: „Verträge mit automatischer Dynamik laufen schnell ins Uferlose und werden nach einigen Jahren unbezahlbar. Gut ist es deshalb, wenn der Vertrag Ihnen eine Nachversicherungsgarantie, also das Recht auf flexible Anpassungsschritte einräumt. Damit können Sie auf Ihre tatsächlichen Bedürfnisse, zum Beispiel bei Heirat oder Berufswechsel, reagieren und ohne neue Gesundheitsprüfung Ihren Schutz erhöhen."

unabhängig von solchen Ereignissen alle drei oder fünf Jahre eine Anpassung erlaubt. Entscheidend ist dabei, dass diese flexiblen Anpassungen ohne neue Gesundheitsprüfung erfolgen. Das heißt, dass bei einer kräftigen Erhöhung des versicherten Rentenbetrags zum Beispiel im 45. Lebensjahr nicht die seit Versicherungsbeginn hinzugekommenen Erkrankungen vom Versicherungsschutz ausgeklammert werden dürfen.

Stärkere Eigeninitiative des Versicherten gefordert

Das flexible Recht zur Leistungsanpassung eröffnet dem Versicherten größere Spielräume als die starre Dynamisierung. Allerdings erfordert dies mehr Eigeninitiative: Er muss sich selbst darum kümmern und tatsächlich dafür sorgen, dass der Vertrag den neuen Lebensumständen angepasst wird. Die automatische Dynamisierung scheint da zunächst bequemer: Die Erhöhungsschritte werden dem Versicherten jährlich angeboten, der lediglich darauf achten muss, dass er rechtzeitig einige Schritte auslässt oder die Dynamik insgesamt stoppt.

Die übliche Dynamik erhöht die Rentenansprüche zwar regelmäßig, aber nur so lange, bis der Leistungsfall eintritt. Dies birgt eine gewisse Gefahr, wenn die Berufsunfähigkeit schon in jungen Jahren eintritt. Wer etwa schon mit 35 Jahren berufsunfähig wird, bekommt dann – abgesehen von den nicht garantierten Erhöhungen aus der Überschussbeteiligung – in den nächsten 30 Jahren eine konstante Rente, die real im Lauf der Zeit enorm an Wert verliert.

Optimal wäre es deshalb, auch eine zusätzliche Dynamik im Leistungsfall zu vereinbaren, die etwa eine jährliche Rentenerhöhung um 3 Prozent vorsieht.

● Die Form der Überschussbeteiligung

Bruttobeiträge als Obergrenze

Alle Versicherungen kalkulieren die Berufsunfähigkeitsversicherung sehr konservativ. Das bedeutet, sie kalkulieren mit sehr viel höheren Beiträgen, als sie derzeit tatsächlich brauchen. Diese Bruttobeiträge bilden die Obergrenze, mehr darf die Versicherung auch in Zukunft nicht verlangen. Da die Gesellschaften tatsächlich sehr viel weniger Geld brauchen, um die laufenden Renten zu zahlen, ergeben sich bei allen Anbietern automatisch erhebliche Überschüsse, die wiederum auf dem Kapitalmarkt angelegt werden und Zinsen abwerfen. Wie werden Sie als Kunde an diesen Überschüssen beteiligt? Im Wesentlichen gibt es hierfür drei Möglichkeiten:

- Beitragsverrechnung,
- Bonusrente,
- verzinsliche Ansammlung.

Vergleich von Brutto- und Nettobeiträgen bei den FINANZtest-Besten (08/2003)

Gesellschaft	Tarif (Bezeichnung der Bedingungen)/ Überschusssystem der BUZ	Jahresbeitrag in Euro Kfm. Angestellter RLV + BUZ Netto		Jahresbeitrag in Euro Kfm. Angestellter RLV + BUZ Brutto	
		Frau	Mann	Frau	Mann
Volksfürsorge	Buz-N (math 0766-04.03)/B	881	924	1193	1273
Allianz	Buz-Plus E5 (E0005Z0 (07)2.03/E0356ZO(09)2.03)/B	783	781	986	1074
Axa	Buz (21003211(2.03) C2.50.624)/BO	617	662	947	1043
Deutsche Ärzte-Vers.	Buz (21003215(2.03)D3.50.624)/BO	557 [5]	597 [5]	955 [5]	1061 [5]
Volkswohl Bund	R (-/Bed.BU 03.03)/BO [6]	739	774	1133	1207
R + V	Buz (13.07.01)/B	808	779	998	982
WWK	Buz (1.05.03)/B	781 [3]	759 [3]	1051 [3]	1061 [3]
Aachener & Münchener	IR (BUZVB BA (03.03))/B	769 [2]	678 [2]	1147 [2]	1050 [2]
Signal Iduna	Premium Buz (L512-04. 12.02)/B	962	999	1141	1232
Alte Leipziger	BZ 10 (mp2500-04.03)/B	766	826	1136	1200
Plus	BR (PL 345/A+B 50% 09.04.03)/B	888	873	1122	1222
Berlinische Leben	Buz-Plus (MB 437(08/02))/B	734	764	1111	1208
Hamburger Leben	Buz-Plus (MB 437(08/02))/B	781	847	1094	1179
Thuringia Generali	Selekta Top (EIZ 902)/B	776	716	1068	1016
Aspecta	Buz (Buz 05.03)/B	865	927	1105	1203
HanseMerkur	B2i/ B2r (BL 022 03.03)/BO	733	678	987	959
HDI	Buz (Buz 05.03)/B	706 [3]	714 [3]	969 [3]	999 [3]
Asstel	Buz BF/Buz BR (Bbf/ASL-Buz-08.01)/B	661 [3]	623 [3]	1198 [3]	1183 [3]
CosmosDirekt D	FR C1 Comfort (LW1111 (01.03))/B	555 [3]	512 [3]	1388 [3]	1280 [3]
Saarland [1]	Top-Buz (SIK 6520.10/01-250)/B/BO	800	829	1221	1301
Schweizerische Renten	T 35 (AVB Buz 3.03)/B	741	785	1073	1174
SV Baden-Württemberg [1]	Top-Buz (3287-07.00)/VA	671 [4]	680 [4]	984 [4]	1057 [4]
Westfäl. Provinzial [1]	BR (1.7.019)/B	–	–	1135	1111

[1]) Angebot regional beschränkt (Adressen → Seite 143 ff.).
[2]) Nicht garantierte Schlussüberschusszahlung.
[3]) Angebot für Raucher teurer.
[4]) Versicherungsdauer und Rentenzahlung bis Alter 62.
[5]) RLV-Beitrag mit garantierter Versicherungssumme von 52 500 Euro.
[6]) Keine Rente, wenn die Person mit mehr als 1,1 Promille Blutalkohol fahruntüchtig war.

Stand: 1. Mai 2003

» Beitragsverrechnung wirkt sofort

Versicherungsberater Hans-Hermann Lüschen rät bei der Überschussbeteiligung zur Sofortverrechnung: „Lassen Sie den Versicherungen so wenig Geld wie möglich und entscheiden Sie sich für die Beitragsverrechnung. Was Sie als Kunde heute sparen, können die Gesellschaften auch nicht verplempern!“

Bei der **Beitragsverrechnung** wird ein Teil der Überschüsse sofort an die Versicherten weitergegeben und mit den – zu hohen – Bruttobeiträgen verrechnet. Effektiv zu zahlen sind nur die Nettobeiträge, die in Einzelfällen nur halb so hoch wie die Bruttobeiträge ausfallen (→ Tabelle links). Ihr Vorteil: Sie versichern das gleiche Risiko zu einem erheblich niedrigeren Beitrag und können die gesparten Gelder selbst anlegen, oder Sie können aufgrund der niedrigen Nettobeiträge ein höheres Rentenniveau versichern. Allerdings können die Nettobeiträge steigen, Sie sollten sich also eine Erhöhung notfalls leisten können.

Manche Gesellschaften verwenden die Überschüsse, um im Fall einer Berufsunfähigkeit zusätzlich zur garantierten Rente eine **Bonusrente** zu zahlen. Das erhöht zwar vermutlich Ihre spätere Berufsunfähigkeitsrente, dafür zahlen Sie aber heute deutlich höhere Beiträge. Außerdem profitieren Sie von dieser Variante nur, wenn Sie tatsächlich berufsunfähig werden. Auch ist der Bonus wie alle Leistungen aus der Überschussbeteiligung nicht garantiert, kann also auch sehr kümmerlich ausfallen.

Einige Versicherer bieten an, die Überschüsse **verzinslich anzusammeln** und als Schlusszahlung am Ende der Vertragslaufzeit auszuzahlen. Der besondere Vorteil sei, so die Anbieter, dass in diesem Fall auch derjenige etwas bekomme, der die Versicherung nicht gebraucht hat. Was hier leicht übersehen wird: Die Gelder, die am Ende vermeintlich lukrativ zurückgezahlt werden, haben die Versicherten in Form von überhöhten Bruttobeiträgen zuvor selbst eingezahlt.

Die meisten Experten raten deshalb von verzinslicher Ansammlung und Bonussystem ab und empfehlen die sofortige Beitragsverrechnung, die einem nicht mehr genommen werden kann. Ob die – nicht garantierte – Bonusrente später tatsächlich gezahlt wird, ist dagegen ungewiss. Wie alle Formen der Überschussbeteiligung kann sie gekürzt oder ganz gestrichen werden.

Außerdem sollten Sie bedenken, dass es beim Abschluss einer Berufsunfähigkeitsversicherung nicht um einen Sparvorgang, sondern um eine Risikoabdeckung zu möglichst günstigen Konditionen geht. Klären Sie also, bevor Sie einen Vertrag unterschreiben, die Art der Überschussbeteiligung, und wählen Sie möglichst die Sofortverrechnung!

Doch auch die Nettobeiträge sind keineswegs sicher. Praktisch jederzeit kann die Versicherungsgesellschaft – wenn sie mit dem Geld nicht auskommt – die Beiträge erhöhen. Allerdings maximal bis zum kalkulierten Bruttobeitrag. Achten Sie bei der Wahl des Versicherers also keinesfalls nur auf die niedrigen Nettobeiträge. Ein Blick auf die Bruttobeiträge hilft, das Kostenrisiko zu begrenzen.

Beispiel

Sie haben zwei Angebote zur Auswahl:

- Versicherer A wirbt mit 67 Euro Nettobeitrag, kalkuliert aber einen Bruttobeitrag von 120 Euro.
- Versicherer B wirbt mit 70 Euro Nettobeitrag, kalkuliert aber einen Bruttobeitrag von 100 Euro.

In diesem Fall scheint A zunächst günstiger, aber B könnte langfristig die bessere Wahl sein, da hier der Spielraum für Beitragserhöhungen geringer ist.

Letztlich lässt sich aber nicht vorhersehen, wie seriös die Beiträge kalkuliert sind und wie sie in Zukunft angepasst werden. Begrenzt werden mögliche Erhöhungen normalerweise durch die Bruttobeiträge. Damit es nicht noch schlimmer kommen kann, sollten Sie darauf achten, dass die Versicherung auf Prämienerhöhungen gemäß § 172 VVG verzichtet (→ Seite 84). Nur dann bilden die Bruttobeiträge auch tatsächlich die absolute Obergrenze.

Leistungs- und Versicherungszeiten

Wer glaubt, alle Versicherungen würden bei anerkannter Berufsunfähigkeit auch problemlos bis zum Eintritt der Altersrente mit 65 Jahren zahlen, der irrt. Gerade für körperlich Tätige endet die Versicherung häufig mit dem 60. oder sogar schon mit dem 55. Geburtstag. Wichtig sind in diesem Zusammenhang zwei Begriffe aus dem Versicherungsdeutsch, die keinesfalls verwechselt werden dürfen: Leistungszeit und Versicherungszeit.

Beispiel

Ein 40-jähriger Busfahrer hat eine Versicherungszeit bis zum 55. und eine Leistungszeit bis zum 60. Lebensjahr versichert. Wenn er mit 50 Jahren wegen eines schweren Rückenleidens berufsunfähig würde, bekäme er noch zehn Jahre lang die vereinbarte Rente. Träfe ihn das gleiche Schicksal nach Vollendung seines 55. Lebensjahres, ginge er leer aus. Würde er kurz vor seinem 55. Geburtstag berufsunfähig, bekäme er immerhin noch fünf Jahre Rente.

Versicherungszeit wird der Zeitraum genannt, in dem das Risiko einer Berufsunfähigkeit versichert ist. Als **Leistungszeit** wird der Zeitraum bezeichnet, in dem die Versicherung aufgrund einer Berufsunfähigkeit längstens Renten zahlt.

Das Beispiel zeigt, wie wichtig es ist, die optimalen Versicherungs- und Leistungszeiten zu vereinbaren. Deshalb der Tipp: Da Sie den Zeitpunkt einer eventuellen Berufsunfähigkeit nicht vorhersehen können, sollten Sie versuchen, sowohl Versicherungs- als auch Leistungszeit bis zum 65. Lebensjahr zu vereinbaren. Gerade bei Risikoberufen lassen sich allerdings viele Gesellschaften hierauf nicht ein und bieten Versicherungszeiten nur bis 50, 55 oder allenfalls 60 Jahren an (→ Kasten rechts).

Entscheidende Frage für Berufstätige in Risikoberufen

Es lohnt sich hier ein intensiver Vergleich der verschiedenen Versicherungsgesellschaften und ihrer Tarife. Gerade wer einen Risikoberuf hat, sollte versuchen, die maximal mögliche Versicherungszeit auszuhandeln. Jedes zusätzliche Jahr bringt hier mehr Sicherheit. Auch ein niedrigerer Preis sollte nicht dazu verleiten, auf eine kürzere Leistungs- oder Versicherungszeit einzugehen. Wenn das Risiko Berufsunfähigkeit schon ab einem Alter von 50 oder 55 Jahren nicht mehr versichert ist, ist der Nutzen des Vertrags stark eingeschränkt. Allerdings gibt es

Verkürzte Versicherungszeiten bei Risikoberufen

maximale Versicherungsdauer	Berufe
bis 50 Jahre	Fallschirmspringer, Transportflieger, Hubschrauberpilot (Polizei)
bis 53 Jahre	Fluglotse
bis 55 Jahre	Bademeister, Bergbauarbeiter, Hubschrauberpilot (zivil), Kriminalbeamter, Lehrer (verbeamtet), Masseur, Tontechniker, Zollbeamter
bis 60 Jahre	Altenpfleger, Bäcker, Baufacharbeiter, Busfahrer, Chemiearbeiter, Dachdecker, Drucker, Elektriker, Elektroinstallateur, Fahrlehrer, Fernsehtechniker, Fliesenleger, Florist, Friseur, Glaser, Hebamme, Kellner, Krankengymnast, Lehrer (angestellt), Maurer, Rettungssanitäter, Schornsteinfeger, Tankwart, Versicherungsvermittler

Quelle: Schweizerische Rentenanstalt

Berufe wie Fliesenleger oder Steinsetzer, in denen Arbeitnehmer häufig schon sehr früh, also mit 40 oder 45 Jahren berufsunfähig werden. Solchen Arbeitnehmern wäre also – sofern sie überhaupt versichert werden – schon mit einer Versicherungszeit bis zum 50. Lebensjahr geholfen. Generell gilt: Auch wenn nur eine abgekürzte Versicherungsdauer möglich ist, versuchen Sie in jedem Fall, die Leistungsdauer möglichst bis zum 65. Lebensjahr zu vereinbaren. Für viele Risikoberufe ist dies jedoch leider nicht möglich.

Kürzere Versicherungszeiten akzeptabel

Auch **Beamte** könnten notfalls abgekürzte Versicherungszeiten akzeptieren. Da sie schon nach 20 oder 25 Dienstjahren im Fall einer Dienstunfähigkeit vergleichsweise hohe Ansprüche auf Ruhegehälter haben, wäre eine Versicherungszeit von zum Beispiel 25 Jahren vermutlich ausreichend. Wer als Beamter nur eine Basisversorgung anstrebt, braucht sogar nur eine Versicherungszeit von fünf Jahren, weil er anschließend schon über ein recht akzeptables Mindestruhegehalt verfügt. Die Leistungsdauer sollte jedoch in jedem Fall bis zum 65. Geburtstag reichen.

Lebenslange Leistungszeit wegen unzureichender Altersvorsorge wichtig

Wieder anders liegt der Fall für **Selbständige.** Da sie normalerweise keine gesetzliche Altersrente bekommen, könnte für sie die Vereinbarung einer lebenslangen Berufsunfähigkeitsrente interessant sein. Vor allem Existenzgründer können das Problem haben, dass sie angesichts ihres zunächst bescheidenen Einkommens nur relativ niedrige Berufsunfähigkeitsrenten versichern können. Daraus folgt im Fall einer Berufsunfähigkeit: Aus den Zahlungen einer solch niedrigen Rente können sie keine Altersvorsorge betreiben. Eine lebenslange Rente könnte

Lebenslange Berufsunfähigkeitsrente

Voraussetzungen: Mann, kaufmännischer Angestellter, Eintrittsalter 30, Endalter 65, Risiko mit BUZ Versicherungsschutz 50 000 Euro, monatliche BU-Rente 1 000 Euro, monatliche Zahlweise, Überschusssystem optimiert

		lebenslange BU-Rente		BU-Rente bis 65	
Gesellschaft	**BUZ-Tarifvariante**	**Brutto***	**Netto***	**Brutto***	**Netto***
Thuringia Generali	Bedingungen BG1	92,98	66,48	78,75	55,72
LV von 1871	Classic BUZ	106,40	67,48	99,20	62,80
Thuringia Generali	Erweiterte Bedingungen	96,75	69,34	81,67	57,93
Dialog	Standard BUZ	105,08	72,20	97,89	67,16
Thuringia Generali	Maximalbedingungen	103,42	74,37	86,82	61,82
Dialog	Erweiterte Bedingungen	124,59	76,11	115,59	70,71
WWK	Standard BUZ	106,00	76,92	93,00	66,52
LV von 1871	Golden BUZ	126,10	80,28	116,50	74,04
Gerling	Standard BUZ	121,08	82,39	116,63	79,27
Münchener Verein	Standard BUZ	122,82	87,44	105,48	75,31

* Prämie in Euro, sortiert nach der Nettoprämie für lebenslange Berufsunfähigkeitsrente.

Die obigen Versicherer bieten statt der üblichen Begrenzung der Leistungsdauer auf das Endalter 65 eine lebenslange Zahlung der Berufsunfähigkeitsrente. Der Preisvergleich zu dem Standardprodukt (Rente bis 65) der jeweiligen Gesellschaft zeigt, dass die Nettoprämie für die Variante „lebenslange Rente“ oft nur geringfügig höher liegt.

Quelle: Morgen & Morgen GmbH, Stand: Mai 2003

hier helfen. Dieses relativ neue Versicherungsprodukt wird bereits von einigen Gesellschaften angeboten (→ Tabelle), ist aber vergleichsweise teuer – weil die besonders preiswerten Versicherer dieses Produkt noch nicht anbieten – und kann derzeit nur von jungen Versicherten abgeschlossen werden.

Pauschal- oder Staffelregelung?

Normalerweise zahlen die Versicherungen pauschal die volle Berufsunfähigkeitsrente, wenn der Kunde in dem versicherten Beruf zu 50 Prozent oder mehr berufsunfähig ist. Es gibt jedoch auch Gesellschaften, die eine Staffelregelung anbieten. Beispielsweise wird dann bei 25-prozentiger Berufsunfähigkeit bereits ein Viertel der Rente, bei 50-prozentiger Invalidität eine halbe Rente und erst bei Erreichen der 75-Prozent-Schwelle die volle Rente gewährt. Gebräuchlich ist auch ein zweite Staffelvariante: Eine Drittelrente gibt es in diesem Fall ab 33 ⅓-prozentiger Berufsunfähigkeit, und die volle Rente wird ab festgestellter Berufsunfähigkeit von 66 ⅔ Prozent gezahlt. Zwischen diesen

Eckwerten wird in beiden Varianten immer nach konkret festgestelltem Berufsunfähigkeitsgrad gezahlt: also zum Beispiel bei 35 Prozent Berufsunfähigkeit 35 Prozent der versicherten Rente, bei 40 Prozent Berufsunfähigkeit 40 Prozent der versicherten Rente usw.

Pauschalregelung wird von Experten empfohlen

Die meisten Experten halten die Pauschalregelung für sinnvoller, da sie schneller zu einer ausreichenden materiellen Absicherung führt. Wer zu 50 Prozent berufsunfähig ist und seinen Job nicht mehr ausüben kann, erhält bei der Pauschalregelung immerhin die volle vereinbarte Rente. Diese liegt in den allermeisten Fällen bereits deutlich unter dem zuvor erzielten Nettoeinkommen, bedeutet also einen finanziellen Abstieg. Bei der Staffelrente bekäme man im gleichen Fall aber nur die halbe vereinbarte Rente. Von einer Sicherung des Lebensstandards könnte dann wohl keine Rede mehr sein. Dieser Nachteil kann auch nicht dadurch wettgemacht werden, dass bereits bei 25-prozentiger Berufsunfähigkeit eine – allerdings sehr bescheidene – Rente gezahlt wird.

Staffelregelung mit höherem Konfliktpotenzial

Zudem sind bei der Staffelregelung erheblich mehr Rechtsstreitigkeiten zu erwarten. Während bei der Pauschalregelung „nur" über die Schwelle von 50 Prozent gestritten wird, muss sich der Versicherte bei der Staffelregelung auf immer neue Auseinandersetzungen mit der Versicherung und vor allem auf immer neue Untersuchungen einstellen.

Doch keine Faustregel ohne Ausnahme: Bei Selbständigen, die trotz eines gesundheitlichen Handicaps ihr Geschäft weiterführen wollen, aber – zum Beispiel nach einem Herzinfarkt – nicht mehr voll belastbar sind, könnte sich in Ausnahmefällen die Staffelregelung als sinnvoll erweisen. So könnte etwa ein niedergelassener Arzt etwas weniger arbeiten und den Einkommensverlust mit einer 30- oder 40-prozentigen Rente ausgleichen. Bei der Pauschalregelung wäre er vermutlich gezwungen, seine Praxis aufzugeben, um an die Rente zu kommen.

In den weitaus meisten Fällen erscheint jedoch die Pauschalregelung günstiger. Sie ist derzeit auch das Standardangebot der Versicherungsgesellschaften.

Rechenmodell: Wann gibt es wie viel Rente?

Grad der Berufsunfähigkeit	Staffelregelung	Pauschalregelung
25 %	25 % Rente	keine Rente
50 %	50 % Rente	100 % Rente
75 %	100 % Rente	100 % Rente
Alternative		
33 ⅓ %	33 ⅓ % Rente	keine Rente
50 %	50 % Rente	100 % Rente
66 ⅔ %	100 % Rente	100 % Rente

Tipp

Achten Sie darauf, dass eine 50-prozentige Berufsunfähigkeit auch tatsächlich für die Rentenzahlung ausreicht. Es gibt trickreiche Verträge, die eine Berufsunfähigkeit von mehr als 50 Prozent verlangen, also mindestens 51 Prozent. Wenn dann im ärztlichen Gutachten nur 50 Prozent bescheinigt werden, gibt es keine Rente.

Risiko Karenzzeiten

Eine Karenzzeit bedeutet, dass die Zahlung der Rente nicht sofort nach Eintritt der Berufsunfähigkeit einsetzt, sondern erst nach einer bestimmten Wartezeit, beispielsweise nach sechs Monaten, einem Jahr oder erst nach zwei Jahren.

Da die Versicherung im Leistungsfall Geld spart, fällt die Prämie etwas niedriger aus. In manchen Versicherungsratgebern wird deshalb empfohlen, eine Karenzzeit zu vereinbaren. So könne der Versicherte entweder den Beitrag senken oder bei gleichem Beitrag eine höhere Rente vereinbaren. (→ Tabelle rechts). Verwiesen wird häufig auf den bis zu 78 Wochen, also eineinhalb Jahre dauernden Krankengeldanspruch für gesetzlich Krankenversicherte. Selbständige und privatversicherte Arbeitnehmer, so wird argumentiert, könnten zunächst das Krankentagegeld einstreichen, bevor nach einer Karenzzeit von einem Jahr oder eineinhalb Jahren die Berufsunfähigeitsrente einsetzt.

Krankentagegeld nur bei vorübergehenden Krankheiten

Vor solchen Ratschlägen kann nur nachdrücklich gewarnt werden. Zum einen ist die Ersparnis nicht besonders groß, zum anderen handelt sich der Versicherte möglicherweise ein erhebliches Risiko ein. Sobald sich nämlich herausstellt, dass es sich nicht um eine vorübergehende Krankheit, sondern möglicherweise um eine dauerhafte Berufsunfähigkeit oder Erwerbsminderung handelt, stellt die private Krankentagegeldversicherung ihre Zahlungen schnell ein. Deren Musterbedingungen versichern ausdrücklich nur gegen vorübergehende Erkrankungen. Drei Monate nach Eintritt einer Berufsunfähigkeit gibt es definitiv nichts mehr. Die Krankenversicherung wird dann nicht nur die Zahlungen einstellen, sondern auch eventuell überzahlte Tagegelder zurückfordern. Wenn Sie eine Karenzzeit vereinbaren, stehen Sie also möglicherweise komplett ohne laufendes Einkommen da. Zu Ihrer Krankheit kommen dann noch Finanzsorgen.

» Krankenversicherer holt sich Geld zurück

Der Versicherungsberater Rüdiger Falken warnt nachdrücklich vor Karenzzeiten: „Regelmäßig prüfen insbesondere die privaten Krankenversicherer von sich aus, ob eine Berufsunfähigkeit vorliegt, und stellen nach drei Monaten die Zahlungen ein. Es kann sogar passieren, dass die Krankenversicherung sagt: Hier liegt Berufsunfähigkeit vor, während die Berufsunfähigkeitsversicherung noch den Anspruch verneint. Dann hängt man in der Luft und steht ganz ohne Geld da. Karenzzeiten würden hier das Risiko noch unnötig vergrößern."

Riskante Prämienreduktion durch Karenzzeit

Voraussetzungen: Mann, Nichtraucher, kaufmännischer Angestellter, Endalter 65, Versicherungsschutz 50 000 Euro, monatliche BU-Rente 1 000 Euro, monatliche Zahlweise, am Beispiel des Tarifs „940 BG-1-3 BUZ" der Schweizerischen Lebensversicherungs- und Rentenanstalt

Eintrittsalter	ohne Karenzzeit		6 Monate Karenzzeit		12 Monate Karenzzeit	
	Brutto*	Netto*	Brutto*	Netto*	Brutto*	Netto*
30	103,35	69,06	98,32	65,55	93,95	62,48
40	146,66	97,93	138,69	92,36	132,30	87,89

Voraussetzungen: Frau, Nichtraucherin, kaufmännische Angestellte, Endalter 65, Versicherungsschutz 50 000 Euro, monatliche BU-Rente 1 000 Euro, monatliche Zahlweise, am Beispiel des Tarifs „940 BG-1-3 BUZ" der Schweizerischen Lebensversicherungs- und Rentenanstalt

Eintrittsalter	ohne Karenzzeit		6 Monate Karenzzeit		12 Monate Karenzzeit	
	Brutto*	Netto*	Brutto*	Netto*	Brutto*	Netto*
30	94,34	65,15	89,08	61,46	84,59	58,32
40	136,15	94,06	127,69	88,14	121,12	83,54

* Prämie in Euro

Die Tabelle macht deutlich, dass Karenzzeiten helfen können, die Monatsprämie zu senken. Experten warnen jedoch, dass diese vergleichsweise begrenzte Ersparnis – insbesondere bei einer Karenzzeit von 12 Monaten – mit einem hohen Risiko verbunden ist.

Quelle: Morgen & Morgen GmbH, Stand: Mai 2003

Karenzzeiten haben aber noch weitere Fußangeln: Wenn Sie sich während einer längeren Karenzzeit gesundheitlich erholen, kann es sein, dass Sie bereits Ihren Job eingebüßt haben – und diesen auch so schnell nicht wieder bekommen –, aber keinen Cent von der Versicherung erhalten. Außerdem müssen Sie während einer Karenzzeit die Beiträge für die Versicherung weiterzahlen. In einer schwierigen Lebensphase kann das sehr schwer fallen.

Tipp

Lassen Sie möglichst die Finger von Karenzzeiten. Vereinbaren Sie – wenn Sie die Beiträge geringfügig senken wollen – allenfalls eine Karenzzeit von einem halben Jahr. Auch das Krankentagegeld sollte man auf sechs Monate begrenzen.

Die technisch einjährige Versicherung – ein interessantes Modell

Die so genannte technisch einjährige Versicherung ist eine interessante Variante, die leider nur von relativ wenigen Gesellschaften angeboten wird. Sie ist zwar auf lange Sicht nicht preiswerter, wird aber mit ihrem Prämienverlauf der Einkommenssituation eines Normalkunden über die Jahrzehnte besser gerecht als die üblichen Tarife. Sie ermöglicht bereits zu Beginn des Berufslebens einen komfortablen Berufsunfähigkeitsschutz zu bezahlbaren Preisen. Das ist wichtig, weil in dieser Phase das Geld in der Regel knapper ist als später. Wenn der Versicherte älter wird, steigen die Prämien deutlich an, was jedoch in der Regel zu verkraften ist, weil die Kinder aus dem Haus sind, die Immobilie abbezahlt und das Gehalt um einige Stufen nach oben geklettert ist.

Mit höherem Lebensalter steigen die Beiträge für den Versicherungsschutz

Und so funktioniert die technisch einjährige Versicherung: Während bei einem normalen Tarif eine Mischkalkulation vorgenommen wird und zum Beispiel ein 30-jähriger Mann bis zur Rente mit 65 Jahren einen konstanten Beitrag zahlt, wird bei der technisch Einjährigen jedes Lebensjahr neu kalkuliert. Wer mit 30 Jahren einsteigt, zahlt also zunächst nur das Risiko eines 30-Jährigen. Und das ist denkbar gering. Also ist die Prämie auch billig. Schon im nächsten Jahr wird der Preis höher, wenn auch nur geringfügig. Erst rund 15 Jahre später – mit 46 Jahren – zahlt der Kunde mit der technisch einjährigen Police ziemlich genau jenen Beitrag, den ein gleichaltriger Vergleichskunde mit einem Normaltarif von Beginn an zahlt. Danach wird es mit der technisch Einjährigen teurer, denn mit zunehmendem Alter steigt das Risiko, berufsunfähig zu werden, erheblich an. Den höchsten Beitrag zahlt man zwischen dem 57. und 60. Lebensjahr. Das ist zwar unangenehm, doch in dieser Lebensphase dürften sich viele den hohen Beitrag leisten können. Und wenn es im Alter tatsächlich zu teuer werden sollte, kann notfalls die versicherte Rente und damit auch der Beitrag reduziert werden.

Alles in allem ist die technisch Einjährige also nicht billiger als der Normaltarif, die Belastungen sind nur zeitlich anders verteilt – zum einen risikogerechter und zum anderen der Leistungfähigkeit eines Normalkunden, dessen Finanzkraft mit zunehmendem Alter wächst, auch besser angepasst.

›› Dem Lebenszyklus angepasst

Wolfgang Scholl vom Verbraucherzentrale Bundesverband (vzbv) urteilt: „Die technisch Einjährige ist ein intelligentes Produkt, das dem Lebenszyklus der Menschen besser gerecht wird als die Normaltarife. Es wird damit zwar insgesamt nicht billiger, aber viele Jüngere können sich so einen Versicherungsschutz leisten, den sie sonst vermutlich nicht bezahlen könnten."

Technisch einjähriger Tarif und Normaltarif im Vergleich

Die Berechnungen (am Beispiel der Dialog Lebensversicherung) gelten für einen männlichen Versicherten (Nichtraucher, Büroangestellter), der mit 30 Jahren eine selbständige Berufsunfähigkeitsversicherung abschließt. Versichert wird eine monatliche Berufsunfähigkeitsrente von 1 000 Euro. Verglichen werden die Jahresprämien des Normaltarifs bis zum Endalter von 65 Jahren mit den variablen Prämien der technisch einjährigen Versicherung, die das tatsächliche versicherungsmathematische Risiko jedes Jahres gesondert berücksichtigt.

Die Variante der technisch Einjährigen ist in den ersten Jahren sehr viel günstiger als der konstante Normaltarif. Mit zunehmendem Alter und dem gestiegenen Risiko, tatsächlich berufsunfähig zu werden, wird sie jedoch teurer. Ab dem 46. Lebensjahr übersteigt in diesem Beispiel die technisch Einjährige den Normaltarif.

Lebensalter	**technisch einjähriger Tarif** Jahresbeitrag in Euro	**Normaltarif** Jahresbeitrag in Euro
30	250,38	609,53
31	260,13	609,53
32	270,65	609,53
33	279,20	609,53
34	288,02	609,53
35	297,27	609,53
36	322,14	609,53
37	352,52	609,53
38	384,77	609,53
39	408,20	609,53
40	430,98	609,53
41	457,90	609,53
42	488,38	609,53
43	521,26	609,53
44	552,97	609,53
45	583,09	609,53
46	**614,94**	**609,53**
47	655,86	609,53
48	707,71	609,53
49	775,85	609,53
50	860,25	609,53
51	964,42	609,53
52	1 084,05	609,53
53	1 211,24	609,53
54	1 339,74	609,53
55	1 464,81	609,53
56	1 573,19	609,53
57	1 647,23	609,53
58	1 671,22	609,53
59	1 633,13	609,53
60	1 523,37	609,53
61	1 382,49	609,53
62	1 142,57	609,53
63	800,81	609,53
64	333,19	609,53

Wichtiger Hinweis: Verglichen werden Nettobeiträge, also die derzeit verlangten tatsächlichen Beiträge nach Verrechnung der Überschussbeteiligung. Es handelt sich lediglich um Beitragsprognosen. Diese sind für die Zukunft keineswegs garantiert und können durchaus steigen. Betroffen sind davon beide Tarifvarianten.

Quelle: Dialog Lebensversicherung, Stand: Juli 2003

Gruppenvertrag – eine günstige Alternative

Es gibt Gruppen- oder Kollektivverträge, die besonders günstige Konditionen bieten und zum Beispiel allen Mitgliedern eines Großbetriebs, eines Vereins oder Verbands angeboten werden. Weil sich die Versicherungen hier schnell große Abschlusszahlen erhoffen, gewähren sie Rabatte und stellen häufig – was in vielen Fällen noch wichtiger ist – nur sehr eingeschränkte Gesundheitsfragen.

Möglicher Versicherungsschutz für Personen mit erheblichen Vorerkrankungen

Beispielsweise wird der Antragsteller dann nicht nach allen Vorerkrankungen gefragt, sondern nur, ob er innerhalb eines bestimmten Zeitraums länger als zwei Wochen krankgeschrieben war. Für Personen mit erheblichen Vorerkrankungen könnte dies unter Umständen die einzige Möglichkeit sein, einen Versicherungsschutz zu bekommen. Allerdings gelingt auch dies kaum noch, wenn der Interessent zuvor bereits mehrfach abgelehnt wurde. Denn in der Regel wird auch beim Abschluss eines solchen Gruppenvertrags gefragt, ob der Versicherungsschutz bereits von einem anderen Anbieter zurückgewiesen wurde. Muss der Interessent dies bejahen, hat er auch dort nur geringe Chancen.

Solche Gruppenverträge könnten künftig im Rahmen der betrieblichen Altersversorgung eine stärkere Rolle spielen. Auch im Rahmen der steuerlich geförderten Entgeltumwandlung, bei pauschalierten Direktversicherungen oder bei Betriebsrenten mit Riester-Förderung lässt sich ein Berufsunfähigkeitsschutz vereinbaren. Theoretisch könnten solche Verträge sogar ausschließlich den Berufsunfähigkeitsschutz vorsehen.

Ist das versicherte Kollektiv groß genug und damit der Gesundheitszustand der Versicherten im Durchschnitt ausreichend gut, geht die Kalkulation sowohl für die Versicherung als auch für die Kunden auf.

Ein Problem sind jedoch eher undurchsichtige Gruppenverträge, die von Maklern organisiert werden, um bestimmten Anbietern Versicherungsabschlüsse zuzuführen. Hier bündeln sich dann häufig schlechte Risiken, das heißt Kunden mit ernsthaften Vorerkrankungen. Das steigert langfristig die Schadensquote beim Versicherer, und der Ärger mit der Anerkennung einer Berufsunfähigkeit lässt sich bereits absehen.

Tipp: Aktiv werden!

Wer aufgrund seiner Vorerkrankungen eine Ablehnung befürchten muss, sollte zuerst versuchen, in einem Gruppenvertrag mit erleichterten Gesundheitsfragen unterzukommen. Fragen Sie Ihren Arbeitgeber, Ihren Personal- oder Betriebsrat beziehungsweise die für Ihre Branche zuständige Gewerkschaft nach bestehenden Möglichkeiten, vor allem auch im Rahmen der betrieblichen Altersversorgung. Regen Sie Initiativen an.

» Vorerkrankt? Schauen Sie sich intensiv um!

Elke Weidenbach, Versicherungsexpertin bei der Verbraucher-Zentrale NRW, rät: „Haben Sie schon Vorerkrankungen? Dann fragen Sie Ihren Arbeitgeber, ob ein Rahmenvertrag mit einer Versicherungsgesellschaft besteht und ob dort auch ein Schutz bei Berufsunfähigkeit vereinbart wurde. Da bei solchen Rahmenverträgen in der Regel nur eingeschränkte Gesundheitsfragen gestellt werden, haben Sie die Gelegenheit, dort trotz Ihrer Vorerkrankungen entsprechend den rahmenvertraglichen Vereinbarungen aufgenommen zu werden. Besteht eine solche Möglichkeit nicht, stellen Sie nicht leichtfertig viele Probeanträge. Denn Ablehnung ist Ablehnung. Und das mindert Ihre Chancen erheblich, später bei anderen Gesellschaften angenommen zu werden. Eins ist klar: Es ist allemal besser, mit offenen Karten zu spielen und ehrliche Angaben zu machen. Verzichten Sie eher auf den Versicherungsvertrag, als später eine Leistungsverweigerung seitens des Versicherers aufgrund einer vorvertraglichen Anzeigepflichtverletzung zu riskieren."

Checkliste: Optimale Vertragsgestaltung

1. Schließen Sie möglichst schon **in jungen Jahren** eine **selbständige Berufsunfähigkeitsversicherung** ab. Eine **BUZ** könnte ebenfalls sinnvoll sein, vor allem in Kombination mit einer **Risikolebensversicherung.** Allenfalls für Selbständige kommt eine BUZ in Kombination mit einer Kapitallebensversicherung infrage.
2. Versuchen Sie, eine spätere Berufsunfähigkeitsrente in einer **Höhe** zu versichern, die möglichst **nahe an Ihr derzeitiges Nettoeinkommen** heranreicht. Faustregel: Mindestens zwei Drittel Ihres jetzigen Nettos sollten erreicht werden.
3. Vereinbaren Sie entweder eine **Dynamik** oder eine **Nachversicherungsgarantie,** also das Recht, später flexibel die Rentenhöhe anzupassen.
4. Entscheiden Sie sich bei der **Überschussbeteiligung** für die sofortige **Beitragsverrechnung.**
5. Achten Sie auf eine **möglichst lange Versicherungszeit** und eine Leistungsdauer bis zum 65. Lebensjahr.
6. Vereinbaren Sie einen **pauschalen Rentenbezug ab 50 Prozent Berufsunfähigkeit.**
7. Lassen Sie sich nicht auf lange **Karenzzeiten** ein.
8. Fragen Sie Ihren Arbeitgeber nach **betrieblichen Lösungen,** und halten Sie Ausschau nach einem günstigen **Gruppenvertrag.**
9. Ziehen Sie auch **eine technisch einjährige Versicherung** in Erwägung, die in jungen Jahren einen bezahlbaren Versicherungsschutz auf hohem Niveau ermöglicht.

Der dritte Schritt: Versicherungsbedingungen prüfen

Ein bislang oft vernachlässigter – und für Laien leider auch schwer zu durchschauender – Aspekt bei der Auswahl von Berufsunfähigkeitsversicherungen sind die Versicherungsbedingungen. Ein Versäumnis mit Folgen, denn gerade das Kleingedruckte im Vertrag entscheidet in vielen Fällen darüber, was die Versicherung am Ende wirklich wert ist. Naturgemäß zahlt kein Versicherer gern Geld an seine Kunden. Deshalb wird er jeden Fall haarklein prüfen und versuchen – so gut es eben geht –, sich vor der Zahlung zu drücken.

Kein Wunder, geht es doch bei einer Berufsunfähigkeitsrente auf lange Sicht um Riesensummen: 30 Jahre lang zum Beispiel 2 000 Euro monatlich bedeuten 720 000 Euro, ohne Zinsen. Da lohnt sich für die Versicherung eine genaue Prüfung. Deshalb können letztlich dem Versicherten nur faire und verbraucherfreundliche Versicherungsbedingungen helfen, im Krankheitsfall ohne jahrelangen Rechtsstreit eine Rente zu bekommen.

Kleingedrucktes unbedingt vor Vertragsabschluss prüfen

Nachfolgend sind zunächst elf elementare Kriterien für faire Versicherungsbedingungen aufgeführt, die für den „Normalkunden" sehr wichtig sind. Diese Kriterien lagen der aktuellen Untersuchung zu Berufsunfähigkeitsversicherungen in FINANZtest 08/2003 zugrunde. Sie sollten unbedingt im eigenen Interesse *vor* Abschluss einer Versicherung prüfen, ob der ins Auge gefasste Anbieter diese Kriterien erfüllt. Zur besseren Orientierung haben wir in einer Tabelle (→ Seiten 80/81) aufgelistet, welche der von FINANZtest am besten bewerteten Gesellschaften derzeit (Stand: Mai 2003) den betreffenden Punkt erfüllen. Anschließend werden weitere Kriterien vorgestellt. Letztlich kann aber nur jeder selbst entscheiden, welche Kriterien er als so unverzichtbar einstuft, dass er hiervon den Abschluss des Versicherungsvertrags abhängig macht. Eine sorgfältige Prüfung und ein sehr genauer Vergleich der Bedingungen vor Vertragsschluss ist ratsam. Denn wenn die Versicherung einmal abgeschlossen wurde, ist eine Nachbesserung der Vertragsbedingungen so gut wie unmöglich.

Tipp

Prüfen Sie vor einer Unterschrift unter den Vertrag die Versicherungsbedingungen. Checken Sie, ob alle von Ihnen gewünschten Kriterien tatsächlich so im Kleingedruckten erwähnt werden. Vorsicht: Manche Gesellschaften haben mehrere Tarife mit täuschend ähnlich klingenden Namen, die sich in den Versicherungsbedingungen aber unterscheiden.

Elf Kriterien für verbraucherfreundliche Versicherungsbedingungen

Bei den folgenden Kriterien ist grundsätzlich darauf zu achten, dass die jeweiligen Punkte im Kleingedruckten des Vertrags verbraucherfreundlich geregelt sind. Auf Zusicherungen in Werbeschriften oder Versprechungen eines Vertreters sollten Sie nicht bauen, sonst erleben Sie später im Streitfall eine böse Überraschung. In der Untersuchung von Finanztest wurden die folgenden elf Kriterien in die Bewertungen einbezogen.

1. Verzicht auf abstrakte Verweisung: Viele Jahre lang war die abstrakte Verweisung für Versicherer ein klassisches Hintertürchen, um Rentenzahlungen zu verweigern. Verzichtet ein Versicherer bedingungsgemäß und unabhängig vom Alter des Versicherten darauf, die abstrakte Verweisung zu nutzen, ist dies kundenfreundlich.

Definition der Berufsunfähigkeit entscheidend

Grundlage für die abstrakte Verweisung ist die Definition der Berufsunfähigkeit. In den Versicherungsbedingungen nahezu aller Gesellschaften enthielt § 2 in aller Regel die Formulierung, dass der Versicherte außerstande sein muss, „... seinen Beruf ... oder eine andere Tätigkeit auszuüben, die aufgrund seiner Kenntnisse und Fähigkeiten ausgeübt werden kann und seiner bisherigen Lebensstellung entspricht." In der Logik der Versicherer bedeutet das: Wer an seinem angestammten Arbeitsplatz nicht mehr arbeiten kann, könnte in einem anderen Betrieb mit weniger belastenden Anforderungen noch eingesetzt werden. Folglich wurde keine Rente gezahlt oder die Zahlung eingestellt und der Versicherte auf den anderen Job verwiesen.

Beispiel: Ein Handwerksmeister, der bei einem Unfall einen Arm verliert, wird auf eine Anstellung in einem Baumarkt verwiesen. Dort könnte er möglicherweise als Marktleiter ein ähnliches Einkommen erzielen.

Verweisungsberuf oft nur auf dem Papier

Gefährlich an der abstrakten Verweisung ist, dass es diesen Verweisungsberuf lediglich theoretisch geben muss. Ob der invalide Handwerker tatsächlich eine solche Anstellung in einem Baumarkt findet, bleibt unerheblich. Allerdings war die Rechtsprechung in den vergangenen Jahren häufig auf Kundenseite. Da die soziale Stellung des Versicherten berücksichtigt werden und der neue Job mit den bereits vorhandenen Vorkenntnissen zu schaffen sein muss, waren die Verweisungsmöglichkeiten für die Versicherer stark eingeschränkt (→ Seite 74).

Dennoch gilt: Wer sich erst gar nicht auf potenzielle Rechtsstreitigkeiten einlassen möchte, wählt eine Versicherung, die auf die abstrakte Verweisung ausdrücklich verzichtet. Dies sollte übrigens nicht nur für die Erstprüfung, sondern auch für alle späteren Nachprüfungen gelten. Wer keine Police mit komplettem Verweisungsverzicht bekommt, sollte versuchen, einen Tarif zu bekommen, der zumindest ab einem bestimmtem Alter, also mit 50 oder 55 Jahren, auf eine Verweisung verzichtet.

Achten Sie deshalb vor Abschluss einer Berufsunfähigkeitsversicherung genau auf § 2 der Versicherungsbedingungen. Dort sollte beispielsweise folgende Formulierung verwendet werden: „Vollständige Berufsunfähigkeit liegt vor, wenn der Versicherte infolge Krankheit, Körperverletzung oder Kräfteverfalls voraussichtlich oder tatsächlich für mindestens sechs Monate außerstande ist, seinen Beruf auszuüben. Berufsunfähigkeit liegt nicht vor, wenn der Versicherte eine andere, seiner Ausbildung, Erfahrung und bisherigen Lebensstellung entsprechende berufliche Tätigkeit tatsächlich ausübt."

Verzicht manchmal nur gegen Aufpreis

Es gibt (preiswerte) Anbieter, die zwar mit einem Verweisungsverzicht werben, bei denen dieser Verzicht dann aber plötzlich mit einem Preisaufschlag von beispielsweise 20 Prozent zu Buche schlägt. Wenn dazu noch ein Raucherzuschlag von weiteren 20 Prozent kommt sowie pingelige Leistungsausschlüsse bei geringfügigen Vorerkrankungen, wird aus dem vermeintlich attraktiven Angebot schnell eine Mogelpackung.

Der letzte Satz in dieser Formulierung bedeutet: Wenn Sie sich im Leistungsfall selbst einen anderen, Ihrer Ausbildung entsprechenden Job suchen und wieder über ein angemessenes Einkommen verfügen, wird die Rentenzahlung eingestellt. Suchen Sie sich aber eine Stelle, die erheblich schlechter bezahlt wird und damit nicht der mit der bisherigen Tätigkeit verbundenen Lebensstellung entspricht, so haben Sie grundsätzlich weiter Anspruch auf die Rente.

Bei Eintritt der Berufsunfähigkeit ausgeübter Beruf ist versichert

Versichert ist der zuletzt ausgeübte Beruf mit den bis dahin erworbenen Fähigkeiten. Wer nach dem Leistungsfall umschult, behält grundsätzlich seine Rente, entschied das Oberlandesgericht Köln: Eine berufsunfähige Köchin hatte sich zur Hotelbetriebswirtin umschulen zu lassen. Auch nachdem sie eine neue Anstellung gefunden hatte, durfte sie die Berufsunfähigkeitsrente behalten. Die Richter stellten klar: Es kommt ausschließlich auf die Qualifikationen an, die jemand hatte, als er berufsunfähig wurde (Az. 5 U 87/99).

Ein Schlossermeister musste seinen Beruf wegen einer Hüftverletzung aufgeben. Nach einer Umschulung arbeitete er als Bautechniker, verdiente dort aber rund ein Drittel weniger. Der Bundesgerichtshof entschied: Die Rente muss weiter gezahlt werden (Az. IV ZR 215/97).

Warnung: In der Praxis müssen Sie sich – trotz dieser positiven Urteile –, wenn Sie sich selbst einen neuen Job suchen, zunächst auf eine Weigerung Ihrer Versicherung einstellen. Diese wird zunächst argumentieren, dass Sie die Rente ja nicht brauchen, da sie wieder über Einkommen verfügen. Falls das neue Gehalt unter Ihrem früheren liegt, wird es heißen, ein gewisser Einkommensverlust sei hinzunehmen. Und die Tatsache,

Vollzugsbeamter mit „Häftlingsphobie“

23 Jahre lang machte ein Justizvollzugsbeamter problemlos seinen Dienst. Dann verfiel der Fahrer von Gefangenentransporten von einem Tag auf den anderen in Depressionen, litt unter zunächst unerklärlichen Angstzuständen, die schließlich in einem Gutachten als „Häftlingsphobie“ eingestuft wurden. Tatsächlich brach dem inzwischen 49-Jährigen kalter Schweiß aus, wenn er nur von weitem einen Strafgefangenen sah. Der Amtsarzt entschied: dienstunfähig. Folglich wurde der Beamte in vorzeitigen Ruhestand geschickt.

Doch seine private Berufsunfähigkeitsversicherung verweigerte die Zahlung. Auch wenn er nicht mehr zum Dienst mit Häftlingen tauge, könne er doch problemlos noch beispielsweise in der Telefonzentrale arbeiten. Mit diesem Verweisungsversuch kam die Versicherung vor dem Bonner Landgericht aber nicht durch: Dem an unheilbarer Angstneurose erkrankten und deshalb dienstunfähigen Vollzugsbeamten sei eine Tätigkeit im Justizvollzug nicht zuzumuten und stehe somit die Rente zu (Az. 10 O 517/96).

dass Sie diese Stelle angetreten haben, beweise schlagend, dass Ihnen die Stelle auch zuzumuten sei.

Außerdem sehen einige Versicherer neuerdings in ihren Bedingungen „großzügige“ Hilfen zur Umschulung vor. Wird diese erfolgreich absolviert und ist ein neuer Job gefunden, wird die auf den alten Job bezogene Rente bedingungsgemäß gestrichen.

2. Sechs-Monats-Prognose reicht: Vorteilhaft ist es auch, wenn der so genannte Prognosezeitraum auf sechs Monate verkürzt wird. In der Vergangenheit musste der Arzt eine „voraussichtlich dauernde“ Berufsunfähigkeit bescheinigen – damit waren drei Jahre gemeint. Wird dieser Zeitraum ausdrücklich auf sechs Monate verkürzt, ist dies kundenfreundlich.

3. Anerkennung ab Eintritt der Berufsunfähigkeit, auch rückwirkend: Bei einigen Gesellschaften beginnt die Rentenzahlung erst nach sechs Monaten ununterbrochener Berufsunfähigkeit. Die Rente wird also ab dem siebten Monat gezahlt. Besser wäre es jedoch, wenn die Versicherung schon ab Eintritt der Berufsunfähigkeit die Rente überweist. Kundenfreundliche Versicherungen leisten in diesem Fall auch rückwirkend.

Eine rückwirkende Zahlung der Berufsunfähigkeitsrente ist sehr vorteilhaft, da gerade in der Anfangsphase einer Berufsunfähigkeit häufig zusätzliche Behandlungskosten anfallen, die oft nicht oder nicht vollständig von der Krankenkasse bezahlt werden.

4. Rückwirkende Zahlung, keine oder lange Meldefristen: In der Regel ist der Versicherte verpflichtet, den Leistungsfall sofort zu melden. Einige Gesellschaften haben sogar Meldefristen. Meldet der Versicherte zu spät, entgeht ihm viel Geld, da auch die Rentenzahlung erst verspätet einsetzt. Kundenfreundliche Versicherer verzichten deshalb auf Meldefristen oder sehen lange Fristen bis zu drei Jahre vor. Sie leisten dann auch rückwirkend, wenn der Kunde nachweist, dass er in dem betreffenden Zeitraum – unter Umständen geht es hier um mehrere Jahre – ununterbrochen berufsunfähig war.

Krankheiten werden in ihren langfristigen Folgen immer wieder unterschätzt

Die Relevanz dieses Punktes scheint zunächst nicht unmittelbar augenfällig. Doch häufig wird eine Erkrankung zunächst unterschätzt, und niemand rechnet mit einer dauerhaften Berufsunfähigkeit. Die Meldung erfolgt daher erst nach vielen Monaten, wenn die erhoffte Besserung nicht eingetreten ist.

Andererseits wird auch bei besonders schweren Unfällen häufig versäumt, schnell den Rentenantrag zu stellen. Die Angehörigen haben dann oft mit Betreuung und Pflege so viel zu tun, dass eine Meldung an die Versicherung unterbleibt. Manchmal wissen die Angehörigen auch gar nicht, dass überhaupt eine Versicherung existiert.

5. Zinslose Stundung der Versicherungsbeiträge bis zur Leistungsentscheidung: Bis der Versicherer über die Gewährung der Rente entschieden hat, vergehen in der Regel viele Monate, in Extremfällen sogar Jahre. In dieser Zeit hat der Versicherte aufgrund seiner Erkrankung gar kein oder nur ein geringes Einkommen. Wichtig ist deshalb, dass – zumindest auf Antrag – die Beiträge bis zur Leistungsentscheidung zinslos gestundet werden.

Risiko, den Versicherungsschutz zu verlieren

Das spart nicht nur Geld, sondern entschärft ein erhebliches Risiko, denn wer seine Beiträge nicht mehr zahlt, verliert schnell den Versicherungsschutz. Und das kann gerade ein Erkrankter am allerwenigsten gebrauchen. Noch besser wäre es, wenn die Versicherung die Beiträge sogar automatisch stundet. Über eines müssen Sie sich jedoch im Klaren sein: Sollte am Ende die Rente abgelehnt werden, müssen die zuvor gestundeten Beiträge nachbezahlt werden.

6. Nachversicherungsgarantie: Wer eine Berufsunfähigkeitsrente vereinbart, sollte möglichst sicherstellen, dass die Rentenhöhe mit dem steigenden Einkommen und der Geldentwertung Schritt hält. Eine Alternative zur Dynamik, die eine fixe jährliche Steigerung vorsieht, ist hier eine Nachversicherungsgarantie. Sie ermöglicht eine Erhöhung der Rentenhöhe ohne erneute Gesundheitsprüfung. Der Erhöhungsspielraum bei den Versicherern ist hier häufig sehr unterschiedlich geregelt. Auch knüpfen die Versicherer die Möglichkeit zur Erhöhung oft an bestimmte Ereignisse wie etwa Heirat, Geburt eines Kindes oder Hausbau. Einige wenige Versicherer bieten jedoch die Möglichkeit, unabhängig von solchen Tatbeständen in festgelegten Jahreszeiträumen die Rentenhöhe flexibel anzupassen.

In der Tabelle auf Seite 80/81 wurde das Kriterium als erfüllt angesehen, wenn – unabhängig von der konkreten Ausgestaltung – der Versicherer die Chance einer Nachversicherung ohne erneute Gesundheitsprüfung anbietet.

7. Begrenzung des Rücktrittsrechts wegen vorvertraglicher Anzeigepflichtverletzung auf maximal fünf Jahre: Um tatsächliche oder angebliche Anzeigepflichtverletzungen gibt es bei Berufsunfähigkeitsversicherungen derzeit den meisten Streit. Im Leistungsfall versuchen viele Versicherungen nachzuweisen, dass im Versicherungsantrag eine Erkrankung verschwiegen wurde. Dann müssen sie nicht zahlen oder können nach § 16 VVG vom Vertrag zurücktreten. Dieses Rücktrittsrecht ist gesetzlich auf zehn Jahre begrenzt.

Rücktrittsrecht auf fünf oder – besser noch – drei Jahre begrenzen

Die meisten Versicherer haben ihr Rücktrittsrecht hier mittlerweile freiwillig auf fünf Jahre begrenzt. Noch besser wäre jedoch eine Begrenzung auf lediglich drei Jahre. Dies bedeutet für den Kunden, dass eine versehentlich nicht gemeldete Krankheit nach einer Frist von drei oder fünf Jahren keine Rolle mehr spielt und die Versicherung nicht mehr wegen vorvertraglicher Anzeigepflichtverletzung die Zahlung verweigern kann. Doch das Risiko fehlerhafter oder falscher Angaben ist damit für den Kunden noch nicht endgültig gebannt. Kann die Versicherung nachweisen, dass der Kunde bewusst falsche Angaben gemacht hat, kann sie den Vertrag aufgrund § 22 VVG in Verbindung mit §§ 123, 124 BGB wegen arglistiger Täuschung anfechten. Allerdings maximal zehn Jahre nach Antragstellung.

Deshalb sollten Sie – auch wenn die Versicherer ihr Rücktrittsrecht zeitlich begrenzen – in jedem Fall konsequent ehrlich bleiben. Verschweigen Sie keinesfalls eine Krankheit, etwa in der Hoffnung, „dass es in den nächsten fünf Jahren nicht herauskommt". Das könnte zum Bumerang werden.

Anzeigepflicht des Versicherungsnehmers nach §16 VVG

„(1) Der Versicherungsnehmer hat bei der Schließung des Vertrags alle ihm bekannten Umstände, die für die Übernahme der Gefahr erheblich sind, dem Versicherer anzuzeigen. Erheblich sind die Gefahrumstände, die geeignet sind, auf den Entschluss des Versicherers, den Vertrag überhaupt oder zu dem vereinbarten Inhalt abzuschließen, einen Einfluss auszuüben ...

(2) Ist dieser Vorschrift zuwider die Anzeige eines erheblichen Umstandes unterblieben, so kann der Versicherer von dem Vertrag zurücktreten."

Arglistige Täuschung – Beispiele aus der Rechtsprechung

Liegt eine arglistige Täuschung vor, kann eine Versicherung noch bis zu zehn Jahre nach Antragstellung den Vertrag anfechten beziehungsweise annullieren und muss nicht zahlen. Allerdings hat sie – sobald sie von der Täuschung Kenntnis hat – dazu nur ein Jahr Zeit. In den folgenden Fällen haben Gerichte entschieden, dass die Kunden etwas bewusst verschwiegen haben, um sich so den Versicherungsschutz „arglistig" zu erschleichen.

- Das Verschweigen der zehn Jahre zurückliegenden operativen Entfernung eines bösartigen Melanoms mit nachfolgender Chemotherapie ist arglistig, auch wenn nach ärztlicher Mitteilung endgültige Heilung erfolgt ist (OLG Koblenz, Az. 10 U 1100/96).
- Das Verschweigen einer Atemwegserkrankung, deretwegen in der Vergangenheit der Beruf des Elektrikers aufgegeben worden ist, ist beim Antrag auf Berufsunfähigkeits-Zusatzversicherung eines jetzigen Masseurs arglistig (OLG Nürnberg, Az. 8 U 2643/98).
- Das Verschweigen von massiven Rückenproblemen bei Antrag auf Berufsunfähigkeits-Zusatzversicherung eines Heizungsbauers ist arglistig (OLG Köln, Az. 5 U 180/99).
- Das Verschweigen fortlaufender Behandlungen wegen Wirbelsäulenbeschwerden durch Fachärzte und Heilpraktiker bei gleichzeitiger Nennung harmloser ausgeheilter Erkrankungen ist arglistig (OLG Köln, Az. 5 U 211/99).
- Das Verschweigen einer seit Jahren bestehenden und behandelten chronisch rezidivierenden (in Abständen wiederkehrenden) Raucherbronchitis ist arglistig (OLG Frankfurt, Az. 7 U 157/99).
- Das Verschweigen einer zurückliegenden Alkoholkrankheit mit Entziehungskur bei gleichzeitiger Angabe von Bagatellen ist arglistig (OLG Dresden, Az. 3 U 1413/00).
- Das Verschweigen ärztlich behandelter psychogener (seelisch bedingter) Störungen und asthmatischer Beschwerden bei gleichzeitiger Angabe einer Migräne bei Antrag auf Berufsunfähigkeitsversicherung ist arglistig (OLG Celle, Az. 8 U 90/00).
- Das Verschweigen eines langjährigen und insulinpflichtigen Diabetes mellitus bei Antrag auf Lebensversicherung mit Berufsunfähigkeits-Zusatzversicherung ist arglistig (OLG Koblenz, Az. 10 U 1733/01).

nach: Christoph Müller-Frank, Aktuelle Rechtsprechung zur Berufsunfähigkeits-(Zusatz-)Versicherung, 6. Auflage 2002

8. Befristete Anerkennung: Vielfach sprechen Versicherer eine „befristete Anerkennung" aus und zahlen für diesen Zeitraum eine Rente – ohne damit grundsätzlich einem Rentenanspruch zuzustimmen. Für die Versicherten kann das im Einzelfall besser sein, weil der Prüfvorgang nicht noch weiter in die Länge gezogen wird. Andererseits fehlt natürlich die Sicherheit einer „wirklichen Anerkennung". Einige Versicherer haben in der Vergangenheit mehrfach hintereinander Befristungen ausgesprochen und sich so um eine endgültige Anerkenntnis „herumgedrückt".

Vorteilhaft ist deshalb, wenn der Versicherer in seinen Bedingungen nachvollziehbar festschreibt, wie häufig und für wie lange er ein Recht auf eine solche Befristung hat. So weiß der Kunde bei Vertragsabschluss, auf was er sich später einstellen muss.

9. Verzicht auf Nachprüfung während einer befristeten Anerkennung: Wird eine befristete Anerkennung der Berufsunfähigkeit ausgesprochen, sollte der Versicherer garantieren, dass er auf eine Nachprüfung des Gesundheitszustands vor Ablauf des Befristungszeitraums verzichtet. Das heißt: Es muss sichergestellt sein, dass die Rente tatsächlich zumindest für den Zeitraum der befristeten Anerkenntnis gezahlt wird.

Beitragserhöhung oder Rücktritt vom Vertrag möglich

10. Verzicht auf Kündigungsrecht nach § 41 VVG: Eine besonders tückische Fußangel ist der § 41 des Versicherungsvertragsgesetzes (VVG). Er erlaubt einer Versicherung, nachträglich den Beitrag zu erhöhen oder komplett vom Vertrag zurückzutreten unter der Voraussetzung, dass bereits bei Vertragsbeginn ein erhöhtes Risiko vorlag, das aber dem Versicherten nicht bekannt war und folglich auch bei den Gesundheitsfragen nicht angegeben werden konnte. Das heißt: Der Versicherte ist zweifelsfrei schuldlos, aber dennoch gibt § 41 VVG der Versicherung das Recht, im Extremfall aus dem Vertrag auszusteigen und den kranken Kunden loszuwerden.

Beispiel: Bereits vor Vertragsschluss hatte der Versicherte einen kleinen Hirntumor. Da er keinerlei Beschwerden spürte, blieb der Tumor unentdeckt und konnte folglich nicht gemeldet werden. Dennoch könnte die Versicherung, sobald die Krankheit bekannt wird, den Vertrag kündigen. Der Versicherte stünde ohne Versicherungsschutz da und würde ihn angesichts der schwerwiegenden Erkrankung auch anderswo nicht mehr bekommen.

Kundenfreundliche Versicherer verzichten ausdrücklich auf die Anwendung dieses tückischen Paragrafen. Doch Vorsicht: Wichtig ist, dass der Versicherer sowohl auf das Recht zur Kündigung als auch auf das Recht zur Beitragserhöhung verzichtet. Nur das ist wirklich im Sinn des Kunden.

11. Weltweiter Versicherungsschutz: Noch immer knüpft der Versicherungsschutz bei vielen Gesellschaften am Wohnsitz in Deutschland an. Versichert ist dann allenfalls der mehrwöchige Jahresurlaub im Ausland. Andere Versicherer haben zumindest den Schutz auf das Gebiet der Europäischen Union erweitert, aber damit würde bereits ein Umzug in die Schweiz den Verlust des Versicherungsschutzes bedeuten. Kundenfreundlich ist also nur der zeitlich unbegrenzte weltweite Versicherungsschutz.

Tarife und Bedingungen der Versicherungen im Überblick (Finanztest-Beste, 08/2003)

Gesellschaft	Tarif offen für Berufsgruppen = * BG	Tarif (Bezeichnung der Bedingungen)/ Überschusssystem der BUZ	Finanztest-Qualitätsurteil
Volksfürsorge	Alle Berufe	Buz-N (math 0766-04.03)/B	sehr gut (0,5)
Allianz	Alle Berufe	Buz-Plus E5 (E0005Z0 (07)2.03/E0356ZO(09)2.03)/B	sehr gut (0,9)
Axa	Alle Berufe	Buz (21003211(2.03) C2.50.624)/BO	sehr gut (0,9)
Deutsche Ärzte-Vers. 1)	Heilberufe	Buz (21003215(2.03)D3.50.624)/BO	sehr gut (0,9)
Volkswohl Bund	Alle Berufe	R (-/Bed.BU 03.03)/BO 2)	sehr gut (0,9)
R + V	Wie BG 1 u. 2	Buz (13.07.01)/B	sehr gut (1,0)
WWK	Alle Berufe	Buz (1.05.03)/B	sehr gut (1,0)
Aachener & Münchener	Alle Berufe	IR (BUZVB BA (03.03))/B	sehr gut (1,1)
Signal Iduna	Alle Berufe	Premium Buz (L512-04. 12.02)/B	sehr gut (1,1)
Alte Leipziger	Alle Berufe	BZ 10 (mp2500-04.03)/B	sehr gut (1,2)
Plus	Wie BG 1–3	BR (PL 345/A+B 50% 09.04.03)/B	sehr gut (1,2)
Berlinische Leben	Wie BG 1–3	Buz-Plus (MB437(08/02))/B	sehr gut (1,3)
Hamburger Leben	Wie BG 1–3	Buz-Plus (MB 437 (08/02))/B	sehr gut (1,3)
Thuringia Generali	Alle Berufe	Selekta Top (EIZ 902)/B	sehr gut (1,4)
Aspecta	Wie BG 1 u. 2	Buz (Buz 05.03)/B	sehr gut (1,5)
HanseMerkur	Alle Berufe	B2i/ B2r (BL 022 03.03)/BO	sehr gut (1,5)
HDI	Wie BG 1 u. 2	Buz (Buz 05.03)/B	sehr gut (1,5)
Asstel	Alle Berufe	Buz BF/Buz BR (Bbf/ASL-Buz-08.01)/B	gut (1,6)
CosmosDirekt 3)	Alle Berufe	FR C1 Comfort (LW1111 (01.03))/B	gut (1,6)
Saarland 1)	Alle Berufe	Top-Buz (SIK 6520.10/01-250)/B/BO	gut (1,6)
Schweizerische Renten	Wie BG 1–3	T 35 (AVB Buz 3.03)/B	gut (1,6)
SV Baden-Württemberg 1)	Alle Berufe	Top-Buz (3287-07.00)/VA	gut (1,6)
Westfäl. Provinzial 1)	Alle Berufe	BR (1.7.019)/B	gut (1,6)

* BG Berufsgruppen. Erläuterung der Einteilung von 1 bis 4 → Seite 46. Achtung: Berufsgruppen, die bei einem Tarif nicht aufgeführt sind (z. B. BG 4), müssen in der Regel mit schlechteren Bedingungen rechnen.

1) Angebot regional beschränkt (→ Adressen, Seite 143 ff.).

2) Keine Rente, wenn die Person mit mehr als 1,1 Promille Blutalkohol fahruntüchtig war.

3) Direktversicherer

Stand: 1. Mai 2003

1	2	3	4	5	6	7	8	9	10	11		Kriterium Nr. (→ Seiten 73–79)
Verzicht auf abstrakte Verweisung	Sechs-Monats-Prognose	Anerkennung ab Beginn: Rückwirkende Zahlung in den ersten 6 Monaten	Rückwirkende Zahlung für mindestens drei Jahre bei verspäteter Meldung	Zinslose Stundung auf Antrag	Nachversicherungsgarantie	Begrenzung des Rücktrittsrechts auf 5 Jahre oder kürzer	Klare Regelung befristeter Anerkenntnisse	Verzicht auf Nachprüfung während einer befristeten Anerkennung	Verzicht auf § 41 VVG	Weltweiter Versicherungsschutz	Ausgewählte Sonderleistungen	Gesellschaft
●	●	●	●	●	●	●	●	●	●	●		Volksfürsorge
●	●	●	●	●	●	●	●	●	●	●		Allianz
●	●	●	●	●	●	●	●	●	●	●		Axa
●	●	●	●	●	●	●	●	●	●	●		Deutsche Ärzte-Vers. [1]
●	●	●	●	●	●	●	●	●	●	●	K	Volkswohl Bund
●	●	●	●	●	●	●	○	○	●	●		R + V
●	●	●	●	●	○	●	○	●	●	●	DU, LR	WWK
●	●	●	●	●	●	●	○	●	●	●		Aachener & Münchener
●	●	●	●	●	○	●	●	●	●	●	DU, K	Signal Iduna
●	●	●	●	●	●	●	●	●	●	●	K	Alte Leipziger
●	●	●	●	●	●	●	○	●	●	●	DU, K	Plus
●	●	●	●	●	●	●	●	●	●	●	K	Berlinische Leben
●	●	●	●	●	●	●	●	●	●	●	K	Hamburger Leben
●	●	●	●	●	●	●	○	○	●	●		Thuringia Generali
●	●	●	●	●	●	●	○	●	●	●	K	Aspecta
●	●	●	●	●	○	●	●	●	●	●	K	HanseMerkur
●	●	●	●	●	●	●	○	●	●	●	K	HDI
●	●	●	●	●	○	●	○	○	●	●		Asstel
●	●	●	●	●	○	●	○	○	●	●		CosmosDirekt [3]
●	●	●	●	●	○	●	○	○	●	●	E, K	Saarland [1]
●	●	●	●	●	○	●	●	●	●	●		Schweizerische Renten
●	●	●	●	●	○	●	○	○	●	●	E, K	SV Baden-Württemberg [1]
●	●	●	●	●	○	●	○	○	●	●	E, K	Westfäl. Provinzial [1]

Ausgewählte Sonderleistungen:

DU Dienstunfähigkeitsklausel für Beamte (d. h. Dienstunfähigkeit aus medizinischen Gründen entspricht Berufsunfähigkeit).

E Leistung auch bei schwerer Erkrankung.

K Zusätzliche Einmalzahlung zur Rente (z. B. Übergangs-, Wiedereingliederungshilfen).

LR Lebenslange Rente möglich.

Faire Versicherungen sind wählerisch

Ein Wermutstropfen bleibt am Ende des Kriterienkatalogs: Bei den Versicherungen, die alle oder nahezu alle verbraucherfreundlichen Kriterien erfüllen, ist es besonders schwer, einen Vertrag zu bekommen. Diese Anbieter fragen erfahrungsgemäß sehr genau nach und nehmen Kunden mit Risikoberufen und Vorerkrankungen besonders ungern. Aus Sicht der Versicherer macht das Sinn: Wer später bereitwillig zahlt, muss seine Kundschaft zu Beginn besonders gründlich auswählen.

Bei Vorerkrankungen oder Risikoberuf Gruppenvertrag anstreben

Für Interessenten mit Vorerkrankungen und riskanten Berufen heißt dies aber leider: Sie haben praktisch keine Chance, eine Versicherung mit sehr kundenfreundlichen Bedingungen zu finden. Trifft das für Sie zu, ist es besonders wichtig, dass Sie sich genau informieren. Sie sollten versuchen, einen Gruppenvertrag zu bekommen, bei dem nur eine eingeschränkte Gesundheitsprüfung vorgenommen wird (→ Seite 70). Falls dies nicht gelingt, sollten Sie bei möglichst vielen Gesellschaften gleichzeitig Probeanträge stellen (→ Seite 107). Vermutlich werden Sie aber gezwungen sein, bei der Qualität des Versicherungsschutzes Kompromisse einzugehen.

Und seien Sie sich über eines im Klaren: Wenn eine Versicherung eine relativ lockere „Annahmepolitik" betreibt – also auch Kunden mit Vorerkrankungen annimmt –, dann wird sie sich vermutlich später eher mit Ihnen streiten. Solche Gesellschaften haben nämlich, wenn sie zu viele Personen versichern, die später berufsunfähig werden, zwangsläufig irgendwann eine zu hohe „Schadensquote" und zeigen sich dann besonders hartleibig. Der Wert einer solchen Versicherung kann sich als zweifelhaft erweisen.

Durchs Sieb gefallen

Wie pingelig sich gerade Versicherungen mit sehr guten Bedingungen anstellen, erfuhr eine 27-jährige Software-Ingenieurin. Ihr wurden fünf Gespräche mit einer Psychotherapeutin zum Verhängnis, die bereits vier Jahre zurücklagen.

Diese hatte sie freiwillig ohne ärztliche Verordnung zur Verarbeitung familiärer Probleme geführt. Es handelte sich also keineswegs um eine klassische Therapie. Dennoch lehnte die Versicherung ab. Und dieser „Makel" bleibt auch bei künftigen Versicherungsanträgen an der Kundin haften. Denn Ablehnungen werden in der Zentraldatei des Versicherungsverbands gespeichert und müssen zudem bei allen Neuanträgen angegeben werden.

Weitere wichtige Versicherungsbedingungen

Erleichterter und eindeutiger Nachweis der Berufsunfähigkeit: Neben dem Streit um mögliche vorvertragliche Anzeigepflichtverletzungen gibt es den meisten Ärger bei der Frage: Ist die Berufsunfähigkeit tatsächlich im erforderlichen Maß, also in der Regel zu mindestens 50 Prozent nachgewiesen? Nicht selten entbrennt hierüber ein jahrelanger Gutachterstreit, während der Versicherte auf seine Rente wartet.

Eindeutige Kriterien verhindern Konflikte mit Versicherern

Um den Rentenanspruch durchzusetzen, sind also klare Regelungen erforderlich, die der Hinhaltetaktik vieler Gesellschaften den Boden entziehen. Kundenfreundlich sind beispielsweise folgende Regelungen:

- Aus der Einstufung in Pflegestufe 1 der gesetzlichen Pflegeversicherung folgt automatisch die Zahlung der Berufsunfähigkeitsrente.
- Aus der Bewilligung einer Erwerbsminderungsrente der gesetzlichen Rentenversicherung folgt automatisch die Zahlung der Berufsunfähigkeitsrente.
- Für Beamte: Aus der Bescheinigung der dauerhaften Dienstunfähigkeit (DU) folgt automatisch die Zahlung der Berufsunfähigkeitsrente.
- Aus sechsmonatiger dauerhafter Arbeitsunfähigkeit folgt automatisch die Zahlung der Berufsunfähigkeitsrente.

Erfüllt eine Versicherung all diese Punkte, ist später mit wenig Streit und einer schnellen Rentenzahlung zu rechnen. Besonders das Kriterium „dauerhafte Arbeitsunfähigkeit über ein halbes Jahr" erleichtert dem Kunden den Nachweis enorm. Es würde im Zweifel auch dem Beamten zu seiner Rente verhelfen, falls er keinen Vertrag mit einer Dienstunfähigkeitsklausel bekommt. Allerdings ist trotz des vereinfachten Nachweises klar: Die Rente wird keineswegs für immer gewährt. Theoretisch kann die Versicherung jedes Jahr aufs Neue prüfen, ob sich der Gesundheitszustand ihres Kunden gebessert hat.

» Schluss mit der Verzögerungstaktik!

Wolfgang Scholl vom Verbraucherzentrale Bundesverband (vzbv) begrüßt vor allem den vereinfachten Nachweis der Berufsunfähigkeit durch sechs Monate dauerhafte Arbeitsunfähigkeit, nachgewiesen durch die „gelben Zettel": „Wenn sich das durchsetzen sollte, wäre es endlich mit der Verzögerungstaktik der Versicherer vorbei. Ein schlagender Vorteil für den Kunden."

Erhalt des Versicherungsschutzes bei zeitweisem Ausscheiden aus dem Beruf: Es sollte gewährleistet sein, dass der Versicherungsschutz in voller Höhe erhalten bleibt, wenn der Beruf vorübergehend nicht ausgeübt wird. Wenn eine Frau zum Beispiel wegen Mutterschutz oder Kindererziehungszeiten vorübergehend ausscheidet, muss der Versicherungsschutz bezogen auf ihren Beruf voll erhalten bleiben.

Versicherungsschutz auch bei längerem Ausscheiden aus dem Beruf, zum Beispiel in der „Kinderpause“

Bedeutsam ist dies vor allem, falls Sie beabsichtigen, wieder in Ihren alten Beruf zurückzukehren. Dann müssen Sie auch diesen Beruf und nicht etwa die Tätigkeit einer Hausfrau oder eines Hausmanns sichern. Noch besser wäre es, wenn Ihr Versicherungsschutz bezogen auf den früheren Beruf nicht nur bei vorübergehendem Ausscheiden, sondern auch während einer längeren Phase als Hausfrau oder -mann erhalten bliebe. Damit wäre vermutlich Ihre Familie in dieser Phase der Haushaltstätigkeit besser abgesichert als mit einem auf den Beruf Hausfrau oder -mann bezogenen neuen Vertrag (→ Seite 23).

Begrenzung der Gesundheitsfragen auf die letzten fünf Jahre: Vielfach gehen die Nachfragen zum Gesundheitszustand sehr weit zurück, im Extremfall müssen alle seit der Kindheit aufgetretenen Krankheiten angegeben werden. Hieraus ergeben sich fast zwangsläufig fehlerhafte oder lückenhafte Angaben, denn kaum jemand kann sich über Jahrzehnte korrekt erinnern. Kundenfreundlich ist es deshalb, wenn die Gesundheitsfragen zeitlich begrenzt werden, zum Beispiel auf die letzten fünf oder noch besser drei Jahre, also einen überschaubaren Zeitraum.

Gültigkeit der Frist für alle Gesundheitsfragen prüfen

Doch Vorsicht: Die zeitliche Begrenzung sollte auf dem Antragsformular bei allen Gesundheitsfragen jeweils ausdrücklich genannt werden. Sonst gilt sie möglicherweise nur für die erste Frage.

Vorteilhaft ist es, wenn die Versicherung nur konkrete Ereignisse abfragt, also Krankheiten nur angegeben werden müssen, wenn es tatsächlich zu einer ärztlichen Behandlung gekommen ist.

Verzicht auf § 172 VVG: In der Regel – Ausnahme: dynamische Verträge – bildet der so genannte Bruttobeitrag die Obergrenze dessen, was der Kunde zahlen muss. Dieser Bruttobeitrag sollte bei seriös kalkulierenden Gesellschaften in jedem Fall ausreichen, um auch bei sehr schlechtem Schadenverlauf die versprochenen Leistungen zahlen zu können. In vielen Fällen liegt dieser Bruttobeitrag bei Vertragsschluss fast doppelt so hoch wie der tatsächlich verlangte Nettobeitrag. Hier ist also in der Regel ein erhebliches Sicherheitspolster einkalkuliert.

Trotzdem halten sich viele Versicherer noch ein kleines Hintertürchen offen. Der § 172 Versicherungsvertragsgesetz (VVG) erlaubt nämlich, „ ... bei einer nicht nur als vorübergehend anzusehenden und nicht vorhersehbaren Veränderung des Leistungsbedarfes ... die Prämie ... neu festzusetzen.“ Bei außergewöhnlichen Ereignissen kann die Prämie also über den Bruttobeitrag hinaus erhöht werden. Für den Kunden bringt das ein klares Risiko späterer Beitragserhöhungen mit sich. Zahlreiche Versicherungen verzichten aber von sich aus ausdrücklich auf die Anwendung des § 172 VVG, sodass der einzelne Kunde vor unliebsamen Prämienanpassungen sicher ist.

Verzicht auf § 172 VVG unter Experten umstritten

Ob dies jedoch ausschließlich positiv zu bewerten ist, bleibt unter Experten umstritten. So wird eingewandt, dass § 172 VVG nur in extremen Situationen zum Zuge komme. Wenn möglicherweise der Bestand der Versicherung insgesamt auf dem Spiel stehe, sei eine Beitragserhöhung möglicherweise das kleinere Übel, bevor der Kunde ganz ohne Versicherungsschutz dastehe.

Wichtig bei früh einsetzender Berufsunfähigkeit

Dynamik der Berufsunfähigkeitsrente auch im Leistungsfall: Es ist wichtig, die Höhe der Rente gegen die Geldentwertung abzusichern. Eine Möglichkeit ist die Nachversicherungsgarantie (→ Seite 76), eine andere Möglichkeit die automatische Dynamik. Mit regelmäßig steigenden Beiträgen werden höhere Rentenansprüche erworben. Das ist gut, nützt allerdings wenig, wenn die Berufsunfähigkeit sehr früh einsetzt. In diesem Fall endet die normale Dynamik, und die Rente bleibt – abgesehen von nicht garantierten Erhöhungen aus der Überschussbeteiligung – möglicherweise über Jahrzehnte gleich hoch und ist damit real immer weniger wert. Sinnvoll ist es deshalb, eine Dynamik auch für den Leistungsfall zu vereinbaren. Dann steigt die gezahlte Rente beispielsweise jährlich um drei Prozent und gleicht somit den Wertverlust durch Inflation aus.

Beitragsfreie Dynamik für die Hauptversicherung im Leistungsfall: Wenn ein Vertrag dynamisch abgeschlossen wurde, dann sollte im Leistungsfall bei Berufsunfähigkeit auch der Haupttarif, also die Lebens- oder Rentenversicherung, beitragsfrei dynamisch weitergeführt werden. Damit wird sichergestellt, dass im Fall einer relativ frühzeitigen Berufsunfähigkeit auch bei Erreichen der normalen Altersgrenze von 65 Jahren durch die dynamisch gestiegene Hauptversicherung eine ausreichende Versorgung (durch die Privatrente oder Lebensversicherung) gewährleistet ist.

» Dynamik einbauen

Die Versicherungsexpertin Elke Weidenbach von der Verbraucher-Zentrale NRW rät: „Achten Sie dringend darauf, dass Ihre Versicherung nicht nur normal dynamisiert wird, sondern dass im Berufsunfähigkeitsfall die Dynamik der Hauptversicherung kostenlos fortgeführt wird. Das ist ganz wichtig, falls Sie bereits früh berufsunfähig werden sollten. Hier wäre es nämlich sonst so, dass die Hauptversicherung auf dem Stand eingefroren wird, der bei Eintritt der Berufsunfähigkeit vorliegt. Wird hingegen die Dynamik für den Haupttarif im Leistungsfall vereinbart, so erhöht sich die Versicherungssumme und damit die Ablaufleistung, wodurch zumindest der Verlust der Kaufkraft aufgefangen wird. Optimal wäre es, wenn die Dynamik sowohl für die gezahlte Rente als auch für die Hauptversicherung gilt. Das kostet nur einen relativ geringen Aufpreis, bringt aber einen erheblichen Vorteil."

Keine Verpflichtung zur Umschulung: Oft verbinden Versicherungen die Rentenzahlung mit der Verpflichtung, sich in einen anderen Beruf umschulen zu lassen. Nach erfolgreich abgeschlossener Umschulung erlischt die Zahlungspflicht, gleichgültig ob der Versicherte tatsächlich einen Job gefunden hat. Darauf sollten Sie sich möglichst nicht einlassen. Der Berufsschutz, für den Sie möglicherweise viele Jahre Beiträge gezahlt haben, wird mit einer solchen Regelung im Sinn der Versicherung ausgehebelt. Wählen Sie also eine Versicherung, die Sie nach den Versicherungsbedingungen nicht zu einer Umschulung verpflichten kann.

Wiedereingliederungshilfe bei Reaktivierung: Die Versicherungen können bei Kunden, die eine Berufsunfähigkeitsrente gezahlt bekommen, einmal jährlich eine umfassende ärztliche Untersuchung verlangen. Stellt der Arzt dann eine erhebliche Besserung fest, wird der Versicherte „reaktiviert" und die Rente gestrichen. Für den Versicherten bedeutet das in der Regel eine Katastrophe, denn in seinen alten Job kann er in der Regel nicht zurückkehren und steht nun ohne Mittel da.

Finanzierung einer Umschulung kann beruflichen Neueinstieg erleichtern

Einige Versicherer zahlen in diesem Fall zumindest eine Wiedereingliederungshilfe oder finanzieren eine Umschulung. Beides wäre vorteilhaft und kann bei gestrichener Rente den Neuanfang erleichtern.

Wichtig ist in diesem Zusammenhang auch, dass die Versicherungsbedingungen keine Meldepflicht bei verbessertem Gesundheitszustand vorsehen (→ Seite 87).

Bei Reaktivierung Fortsetzung der Versicherung auf dem erreichten Leistungsniveau: Ein aufgrund einer Dynamik im Leistungsfall (→ Seite 58) erreichtes Rentenniveau muss voll und ganz erhalten bleiben.

Beispiel: Wenn nach mehrjähriger Rentenzahlung durch die Dynamisierung statt wie ursprünglich vereinbart 1500 bereits 1800 Euro erreicht wurden, muss dieses Niveau auch als versicherte Rentenhöhe erhalten bleiben, falls nach einer Reaktivierung später erneut der Leistungsfall eintritt. Andernfalls fängt der Versicherte, falls er wieder berufsunfähig wird, noch einmal bei 1500 Euro Rente an.

Wichtig für Piloten, Bordpersonal und Ballonfahrer

Luftfahrtklausel: Normalerweise ist der Versicherungsschutz bei Luftfahrten ausdrücklich auf Passagiere von zivilen Verkehrsmaschinen begrenzt, was für die meisten Personen auch ausreichen dürfte. Wer jedoch als Pilot oder Stewardess arbeitet oder berufsmäßig Ballonfahren betreibt, sollte sicherstellen, dass für ihn Luftfahrten mitversichert sind. Diese Personen brauchen eine Versicherung mit einer Luftfahrtklausel.

Keine Meldepflicht bei Verbesserung des Gesundheitszustands: Vorteilhaft ist es, wenn die Versicherungsbedingungen keine Anzeige- oder Meldepflicht von gesundheitlichen Verbesserungen vorsehen. Dies vermindert das Risiko, dass unbegründet gezahlte Rentenleistungen im Fall einer Gesundung zurückgefordert werden. Selbstverständlich müssen Sie aber Nachfragen zum Gesundheitszustand wahrheitsgemäß beantworten. Unbenommen bleibt der Versicherung auch das Recht, einmal jährlich auf eigene Kosten den Gesundheitszustand zu überprüfen.

Wichtig: generellerVerzicht auf abstrakte Verweisung

Kriterien der Erstprüfung auch bei Nachprüfung: Es muss sichergestellt sein, dass alle Kriterien, die bei der Erstprüfung zur Gewährung der Rente führen, auch bei späteren Nachprüfungen gelten. Beispielsweise muss der Verzicht auf die abstrakte Verweisung (→ Seite 73) generell gelten. Sonst nutzen die kundenfreundlichen Bedingungen dem Versicherten wenig, wenn ihm schon nach ein oder zwei Jahren bei einer Nachprüfung die Rente verweigert wird.

Keine Meldepflicht bei Wechsel in gefährlicheren Beruf oder Aufnahme eines gefährlichen Hobbys: Wer eine Versicherung abschließt, wird nicht nur nach Vorerkrankungen gefragt, sondern auch nach riskanten Hobbys. Fallschirmspringer, Alpinkletterer, Gleitschirmflieger oder Rennfahrer werden häufig komplett abgelehnt. Die Alternative sind entweder Risikozuschläge oder ein ausdrücklicher Versicherungsausschluss von möglichen Folgen der als riskant eingestuften Hobbys.

Wer jedoch erst nach Vertragsschluss mit einem solchen Hobby beginnt, muss grundsätzlich nicht mit Prämienerhöhungen rechnen und kann gemäß § 164 Versicherungsvertragsgesetz (VVG) auch nicht verpflichtet werden, dies zu melden. Es sei denn, dass eine zusätzlich zu den standardisierten Versicherungsbedingungen abgeschlossene Vereinbarung zwischen Versicherung und Kunden existiert. Nur in diesem Fall darf die Gesellschaft auf einer Nachmeldung der Gefahrerhöhung bestehen und eine erhöhte Prämie wegen gestiegener Risiken kalkulieren. Obwohl solche Vereinbarungen in der Praxis nicht abgeschlossen werden, sollen noch immer einige Versicherungen die – an sich unzulässige – Pflicht zur Nachmeldung in ihren Bedingungen haben. Der Verbraucherzentrale Bundesverband (Adresse → Seite 140) bittet Sie deshalb um Mitteilung, wenn Ihnen ein solcher Vertrag angeboten wird. Solche Anbieter sollen dann gegebenenfalls abgemahnt werden.

Freiwillige Meldung darf nicht zu Prämienerhöhung führen

Unabhängig von der Frage, ob eine Pflicht zur Nachmeldung besteht, empfehlen einige Verbraucherschützer jedoch, einen Berufswechsel und die Aufnahme eines gefährlichen Hobbys stets vorsorglich freiwillig zu melden. Das darf aber keinesfalls zu Prämienerhöhungen führen. Die freiwillige Meldung erleichtert und beschleunigt später die Durchsetzung der Ansprüche, da der Versicherer stets über die zuletzt ausgeübte und somit auch versicherte Tätigkeit informiert ist.

Keine Arztanordnungklausel: Es gibt Fallstricke, die mit der Verbesserung der Versicherungsbedingungen in den letzten Jahren zumindest für Neukunden an Schrecken verloren haben. So hat heute keine Gesellschaft mehr die so genannte Arztanordnungsklausel in ihrem Repertoire. Mit dieser Klausel konnten die Versicherer ihre Kunden zu immer neuen Therapieversuchen nötigen (→ Seite 34). Diese hatten dann die Wahl, sich entweder zum Beispiel einer Operation zu unterziehen oder auf die Rente zu verzichten. Es ist jedoch nicht auszuschließen, dass diese tückische Klausel in Zukunft wieder im Kleingedruckten auftaucht. Bevor Sie also einen Vertrag unterschreiben, sollten Sie darauf achten, dass keine Arztanordnungklausel in den Bedingungen steht.

Es bleiben Risiken

Mögliche Reaktivierung bei verbessertem Gesundheitszustand

Streichung der Rente: Trotz der stark im Sinn der Kunden verbesserten Versicherungsbedingungen kann ein Versicherter nie sicher sein, dass die einmal gewährte Berufsunfähigkeitsrente auch tatsächlich bis zum 65. Lebensjahr fließt. So darf die Versicherung einmal jährlich den Gesundheitszustand prüfen. Werden Verbesserungen festgestellt, kann eine Reaktivierung erfolgen, und die Rentenzahlung wird eingestellt. Doch selbst wenn sich am Krankheitsbild nichts ändert, kann die Rente gestrichen werden.

Beispiel

Ein Buchhalter verlor bei einem Unfall seinen rechten Arm. Acht Jahre lang erhielt er daraufhin eine Berufsunfähigkeitsrente. Dann bekam er ein Schreiben seiner Versicherung und beantwortete es – leider handschriftlich, mit seiner linken Hand. Daraufhin stoppte die Versicherung sofort die Rente und verlangte sogar ein Jahr rückwirkend die Zahlungen zurück. Begründung: Der Versicherte könne ja wieder schreiben und sei mithin als Buchhalter nicht mehr berufsunfähig.

Pflicht zur Umorganisation: Selbständige sind von einem speziellen Risiko bedroht: der Verpflichtung, ihr Unternehmen betrieblich umzuorganisieren. Unternehmern kann so auch bei unumstrittener gesundheitlicher Einschränkung die Rente verweigert werden. Sie müssen ihren Betrieb so umorganisieren, dass sie selbst eine weniger belastende Funktion ausüben, die Geschäfte aber in umgestalteter Form weiterlaufen können. Für den Selbständigen heißt das: Er ist zwar krank, gilt aber nicht als berufsunfähig und bekommt keine Rente. Voraussetzung ist allerdings, dass er zum Zeitpunkt seiner Erkrankung bereits die Fähigkeiten für die neue Funktion hatte und dort ein gleich hohes Einkommen wie zuvor erzielen kann.

Der für die Umorganisation notwendige Kapitaleinsatz muss sich in engen Grenzen halten. So wollte eine Versicherung einem an Mehlstauballergie erkrankten Bäckermeister vorschreiben, seinen Betrieb zu einer reinen Produktionsstätte für Pralinen und Bonbons zu machen. Dies – so entschied das Oberlandesgericht Hamm – würde einen unvertretbar hohen Kapitaleinsatz erfordern und überdies den Charakter des alten Betriebs vollständig verändern. Der Bäcker bekam die Rente.

Rechtsschutz: Viele Experten raten angesichts möglicher Rechtsstreitigkeiten, die im Zusammenhang mit einer Berufsunfähigkeitsversicherung drohen, zum Abschluss einer Rechtsschutzversicherung. Ganz wichtig ist dabei: Die Rechtsschutzpolice sollte bereits *vor* der Berufsunfähigkeitsversicherung abgeschlossen werden. Andernfalls wären Streitigkeiten um Versicherungsklauseln in Berufsunfähigkeitspolicen möglicherweise nicht versichert.

Unbedingt empfehlenswert: Rechtsschutz- und Berufsunfähigkeitspolice bei unterschiedlichen Versicherern

Außerdem empfiehlt es sich, die Rechtsschutzversicherung nicht bei demjenigen Versicherer abzuschließen, bei dem die Berufsunfähigkeits- oder Berufsunfähigkeits-Zusatzversicherung abgeschlossen werden soll. Zwar gibt es offiziell eine Spartentrennung, doch „Konzern bleibt Konzern". Hält die Rechtsschutzversicherung das Verfahren nicht für aussichtsreich, muss in einem Schiedsverfahren geklärt werden, ob sie Deckung gewähren muss.

›› Das Recht schützen

Der Versicherungsberater Hans-Hermann Lüschen rät: „Holen Sie sich Berufsunfähigkeits- und Rechtsschutz bei verschiedenen Versicherern. Denn eine Rechtsschutzversicherung finanziert erfahrungsgemäß nur ungern die Klage gegen die eigene Muttergesellschaft. Offiziell wird das dann mit den geringen Erfolgschancen begründet. Sie bekommen ein nettes Schreiben mit dem Tenor: ‚Tut uns leid, aber Ihre Sache hat nach reiflicher Prüfung keine Aussicht auf Erfolg.' Nur wenn Sie einen Rechtsschutzvertrag mit alten Bedingungen (ARB 75) haben, kann Ihr Anwalt dann die Versicherung per Stichentscheid zwingen, für den Rechtsstreit zu zahlen. Neuere Verträge sehen hier ein Schiedsverfahren vor. Das ist langwierig und der Ausgang ungewiss."

Was tun bei Altverträgen?

Viele der genannten verbraucherfreundlichen Regelungen sind in den Bedingungswerken erst seit kürzerer Zeit vorgesehen. Neukunden haben also gute Chancen, davon zu profitieren – Altkunden schauen jedoch in der Regel in die Röhre. Sie zahlen zwar unter Umständen höhere Beiträge als Neukunden und müssen dennoch etwa mit dem Damoklesschwert der Arztanordnungsklausel (→ Seite 88) oder der abstrakten Verweisung (→ Seite 73) leben.

Kein Recht auf Nachbesserung

Hier gilt leider: Vertrag ist Vertrag. Die Versicherung wird sich vermutlich darauf berufen, dass sie eine risikogerechte Kalkulation nur unter den damaligen Bedingungen vorgenommen hat und somit nichts mehr ändern könne. Ein Recht auf Nachbesserung hat der Kunde also nicht.

Dennoch sollten Sie zumindest versuchen, ihren Versicherungsschutz zu verbessern. Klären Sie zunächst, inwieweit sich bei Ihrem Anbieter die Versicherungsbedingungen verbessert haben. Fordern Sie ihn dann auf, die Verbesserungen auch Ihnen zuzusichern. Zumindest sollten einige besonders wichtige Punkte, zum Beispiel der Verzicht auf § 41 Versicherungsvertragsgesetz (VVG), in Ihren Vertrag aufgenommen werden (→ Seite 79).

Wenn Sie Ihrer Versicherung klar machen, dass Sie notfalls gewillt sind, zu kündigen und sich bei einem anderen Anbieter neu zu versichern, kann dies hilfreich sein. Wenn Sie Ihren Vertrag bei einem Versicherungsagenten abgeschlossen haben, bei dem Sie noch weitere Versicherungen laufen haben, schalten Sie diesen ein. Dieser Agent sollte ein Interesse haben, Sie als Kunden zu behalten, und könnte Vertragsverbesserungen mit der Zentrale aushandeln.

Ganz wichtig: Geben Sie sich nicht mit mündlichen Zusicherungen des Vertreters oder Agenten zufrieden. Verlangen Sie eine schriftliche Zusage der Versicherung, dass Ihre Versicherungsbedingungen in bestimmten Punkten geändert wurden.

Zusatzvereinbarung, nicht aber einen komplett neuen Vertrag abschließen

Und bestehen Sie auf einer reinen Zusatzvereinbarung, schließen Sie also keinesfalls einen komplett neuen Vertrag ab. Der würde nämlich mit Ihrem derzeitigen Alter neu kalkuliert, und zudem müssten Sie damit rechnen, dass Erkrankungen, die Sie im bisherigen Vertragsverlauf erlitten haben, künftig zu Ausschlüssen beim Versicherungsschutz führen.

›› Vorsicht bei Vertragsumstellung

Wer noch einen Vertrag mit ungünstigen Versicherungsbedingungen hat, sollte sich bei seinem Versicherer melden, rät Beate-Kathrin Bextermöller von Finanztest. „Auf einen neuen Vertrag mit guten Bedingungen sollten Sie aber nur dann bedenkenlos umsteigen, wenn dies ohne neue Gesundheitsprüfung erfolgt. Andernfalls schließen Sie ja einen ganz neuen Vertrag ab, zu einem höheren Eintrittsalter und erheblich höheren Kosten! Verzichtet Ihre alte Versicherung also nicht auf die Gesundheitsprüfung, sollten Sie den gesamten Markt neu sondieren. Stellen Sie Probeanträge bei vielen anderen Gesellschaften, die mittlerweile gute Bedingungen bieten, und entscheiden Sie sich dann neu."

Was kostet eine gute Versicherung?

Guter Berufsunfähigkeitsschutz – nicht in erster Linie eine Frage des Preises

Ein guter oder schlechter Berufsunfähigkeitsschutz ist anders als bei vielen anderen Versicherungsarten nicht primär eine Frage des Preises. Es geht vielmehr um die Frage, ob Sie tatsächlich einen Vertrag bei einer Gesellschaft bekommen, die gute Versicherungsbedingungen hat und Sie im Ernstfall fair behandelt. Solche kundenfreundlichen Versicherungen müssen erfahrungsgemäß noch nicht einmal zu den sehr teuren Anbietern gehören. Es gilt hier also nicht: Nur was teuer ist, ist auch gut – eher im Gegenteil: Verbraucherschützer haben die Erfahrung gemacht, dass sich gerade kostspielige Versicherungen bei der Rentenzahlung besonders hartleibig zeigen. Preiswerte Versicherer sind da oft sogar großzügiger. Sie prüfen allerdings vor Vertragsschluss in der Regel genauer, sodass bei ihnen nur schwer eine Police zu bekommen ist.

Es bleibt die Frage: Was ist eine eher preiswerte und was ist eine teure Versicherung? Eine grobe Übersicht finden Sie in der folgenden Tabelle. Alle Angaben darin beziehen sich auf einen Vertrag mit einer versicherten Berufsunfähigkeitsrente von 1 000 Euro monatlich (inklusive einer Risikolebensversicherung in Höhe von 50 000 Euro) und einer Laufzeit bis zum Rentenbeginn mit 65 Jahren.

Preisspannen für den Berufsunfähigkeitsschutz

Jahresbeiträge, günstige und teure Anbieter, für einen gesunden Mann, 1 000 €/Monat, Risikolebensversicherung über 50 000 €, Laufzeit bis 65. Lebensjahr.

Eintrittsalter	kaufmännischer Angestellter	leichte körperliche Tätigkeit (z. B. angestellter Elektriker)
30 Jahre	günstig: 400–450 €	günstig: bis 700 €
	teuer: über 700 €	teuer: über 1 200 €
40 Jahre	günstig: 550–600 €	günstig: bis 1 000 €
	teuer: über 1 000 €	teuer: über 1 500 €

Wer als 30-jähriger kerngesunder kaufmännischer Angestellter einen solchen Vertrag schließt, zahlt dafür bei einer günstigen Versicherung derzeit knapp 400 bis 450 Euro jährlich. Teure Anbieter verlangen jedoch bereits für den 30-jährigen kaufmännischen Angestellten über 700 Euro und für den 40-jährigen über 1 000 Euro jährlich. Wesentlich teurer wird eine Berufsunfähigkeitsversicherung für einen leicht körperlich Tätigen, etwa einen angestellten Elektriker. Schließt er mit 30 Jahren den Vertrag ab, so muss er auch bei günstigen Anbietern schon mit 700 Euro Jahresprämie rechnen. Teure Versicherungen würden von ihm bereits über 1 200 Euro im Jahr verlangen.

Zur Klarstellung: Diese Preise gelten für einen gesunden männlichen Versicherten. Stellen Sie versicherungstechnisch ein höheres Risiko dar, zahlen Sie natürlich mehr.

Einteilung in Berufsgruppe entscheidet

Gesellschaften, die bei einem kaufmännischen Angestellten zu den preiswerten Anbietern gehören, müssen nicht zwingend auch für den Elektriker zur Spitzengruppe gehören. Hier ist leider für jede „Risikogruppe" ein neuer Preisvergleich nötig. Das liegt daran, dass die Gesellschaften die Berufe unterschiedlich in Berufsgruppen einsortieren. Während der Elektriker bei vielen Gesellschaften in den eher teuren Berufsgruppen 3 und 4 landet, wird er bei anderen Gesellschaften in Ausnahmefällen auch in die Berufsgruppe 2 eingestuft (→ Seite 46).

Für körperlich schwer arbeitende Handwerker wie Fliesenleger oder Dachdecker kommt eine Berufsunfähigkeitsversicherung zumindest ab einem gewissen Alter praktisch nicht mehr infrage. Entweder bekommen sie keine Versicherung – vor allem bei Vorerkrankungen –, oder sie müssen Jahresprämien von 2 000 Euro und mehr zahlen, die sie sich wahrscheinlich nicht leisten können. Zudem ist für sie eine Versicherungszeit bis zum 65. Lebensjahr praktisch nicht möglich.

Wie Sie die Tabelle für sich nutzen können

Nun sind Sie vermutlich weder exakt 30 oder 40 Jahre alt noch kaufmännischer Angestellter oder Elektriker. Außerdem benötigen Sie vielleicht mehr als 1 000 Euro Rente im Monat. Dennoch gibt Ihnen die Tabelle „Preisspannen für den Berufsunfähigkeitsschutz" auf der linken Seite einen Anhaltspunkt, mit wie viel Prämie Sie rechnen müssen. Dazu müssen Sie die Tabellenwerte je nach Ihren individuellen Vorgaben leicht korrigieren.

Ihre Rentenhöhe

Prämie meist proportional zur Rentenhöhe

Die Berufsunfähigkeitsrenten werden mehr oder weniger linear kalkuliert. Wenn Sie also statt 1 000 Euro eine Monatsrente von 2 000 Euro brauchen, müssen Sie die Prämienwerte verdoppeln. Möchten Sie eine Rente in Höhe von 1 500 Euro versichern, müssen Sie die Werte mit dem Faktor 1,5 multiplizieren.

Beispiel: Sie sind 40 Jahre und wollen 2 000 Euro monatliche Rente versichern. Dies kostet Sie bei sehr günstigen Anbietern 1 100 bis 1 200 Euro Jahresprämie.

Ihr Alter

Ältere zahlen mehr

Sie sind jünger oder älter als angegeben? Dann dürfen Sie vom Richtwert noch etwas abziehen, wenn Sie jünger sind, beziehungsweise müssen etwas draufschlagen, wenn Sie älter sind.

Beispiel: Sind Sie statt 30 nur 25 Jahre alt, so dürfen Sie rund 15 bis 20 Prozent abziehen. Dann zahlen Sie bei günstigen Anbietern nur rund 350 Euro. Sind Sie hingegen schon 45 Jahre alt, müssen Sie gut und gern 20 Prozent hinzuaddieren. Dann zahlen Sie auch bei günstigen Anbietern eine Jahresprämie von 650 bis 700 Euro.

Ihr Geschlecht

Prämien für weibliche Versicherte meist etwas höher

Vor allem bei den preiswerten Anbietern müssen Frauen mit etwas höheren Prämien rechnen. Bei frühem Eintrittsalter beträgt die Differenz rund 10 Prozent, später prozentual etwas weniger.

Beispiel: Verglichen mit einem 30-jährigen Mann zahlt eine gleichaltrige Frau rund 450 statt 400 Euro jährlich. Ist sie bereits 45 Jahre alt, kann sie ebenfalls rund 50 Euro zur Prämie des Mannes hinzurechnen und zahlt 750 statt 700 Euro.

Raucher oder Nichtraucher?

Bei den sehr günstigen Anbietern sind die Tarife generell auf Nichtraucher abgestellt. Raucher müssen noch mit einem Aufpreis von rund 10 Prozent auf die jeweilige Prämie rechnen.

Nicht Äpfel mit Birnen vergleichen

Die sehr preiswerten Versicherer berechnen ihre Prämien unter Optimalbedingungen (also: gesund, Nichtraucher, risikoloser Beruf). Deshalb kann der Preisvergleich vor allem für ältere Interessenten mit Vorerkrankungen mitunter ganz anders ausfallen. Da die etwas teureren Gesellschaften oft anders kalkulieren, sind solche „Problemversicherte" dort mitunter sogar besser aufgehoben.

Beispiel: Eine 39-jährige Frau wollte bei einer günstigen Direktversicherung einen Berufsunfähigkeitsschutz abschließen. Der Basispreis war günstig, doch dann die Überraschung: 10 Prozent Raucherzuschlag, 20 Prozent Zuschlag für Verzicht auf die abstrakte Verweisung und 50 Prozent Risikozuschlag für einen erblich bedingt erhöhten Cholesterinwert. Damit war der Billiganbieter teurer als ein großer klassischer Versicherer mit Filialnetz, bei dem die Kundin dann schließlich auch unterschrieb.

Fazit: Die in der Tabelle auf Seite 92 genannten Beträge bilden eher die untere Grenze der voraussichtlichen Jahresbeiträge. Wer versicherungstechnisch ein höheres Risiko darstellt, zahlt mehr. Ganz wichtig ist außerdem der Hinweis, dass es sich um Nettobeiträge handelt. Die Bruttobeiträge liegen oft doppelt so hoch. Und auf diesen Wert könnte theoretisch die Beitragsbelastung steigen, ohne dass sich der Versicherungsschutz erhöht (→ Seite 59).

Der Versicherungsantrag

In drei Schritten haben wir in diesem Ratgeber den Weg zu einem guten Berufsunfähigkeitsschutz aufgezeigt. Nachdem Sie sich erstens Klarheit über Ihre persönlichen Merkmale (→ Seite 44) verschafft hatten, ging es im zweiten Schritt um die Berechnung der Versorgungslücke und eine möglichst geschickte Ausgestaltung des Vertrags (→ Seite 50). Hier war unter anderem die Frage zu beantworten, welche Rentenhöhe Sie versichern sollten, welchen Versicherungstyp Sie wählen möchten, also zum Beispiel eine Kombination aus Risikolebens- und Berufsunfähigkeits-Zusatzversicherung, und wie die Police ausgestaltet sein sollte (Dynamik, Leistungszeiten etc.). Im dritten Schritt galt es dann die Anbieter mit möglichst kundenfreundlichen Versicherungsbedingungen (→ Seite 72) einzugrenzen.

Gleichen Sie die auf diese Weise ermittelten Anbieter mit den in FINANZtest 08/2003 oder im Internet unter www.finanztest.de (Suchwort „Berufsunfähigkeit") mit „sehr gut" bewerteten Berufsunfähigkeitsversicherungen ab (→ Seiten 80/81).

Anhand der Tabelle „Preisspannen für den Berufsunfähigkeitsschutz" (→ Seite 92) können Sie dann auch schon grob abschätzen, welche dieser Versicherer zu den eher preiswerten und welche zu den eher teuren Anbietern gehören. Sie haben damit eine Vorstellung, mit welcher Jahresprämie Sie rechnen müssen.

Nun sollten Sie bei allen Versicherern, die für Ihre Bedürfnisse akzeptable Versicherungsbedingungen bieten, Informationsmaterial bestellen. Sie bekommen dann zusammen mit dem üblichen Werbematerial auch einen Versicherungsantrag zugeschickt.

Auf jeden Fall sollten Sie dann gleich mehrere Anträge ausfüllen und – so der Tipp der Verbraucherzentralen – jeweils ein Begleitschreiben beifügen, in dem Sie klar machen, dass dies ausdrücklich als Probeantrag gedacht ist.

Vorteil: Probeanträge sind für Sie nicht verbindlich – wohl aber für den Versicherer, wenn er hierauf ein Angebot macht.

Nachteil: Nicht alle Versicherer nehmen solche Probeanträge ernst. Das heißt, Sie werden vermutlich nicht von allen angeschriebenen Versicherungen auch ein Angebot bekommen.

Wenn Sie allerdings zum Beispiel zehn „normale" Anträge verschicken, bekommen Sie vermutlich ebenso viele Versicherungsverträge. Dann müssen Sie all jenen Policen, die für Sie nicht infrage kommen, innerhalb von zwei Wochen widersprechen, sonst haben Sie am Ende gleich mehrere Verträge abgeschlossen!

(Probe-)Anträge immer gleichzeitig abschicken

Doch ganz gleich, ob Probeantrag oder normaler Antrag, in jedem Fall sollten Sie möglichst viele Anträge gleichzeitig abschicken. Denn in beiden Fällen müssen Sie damit rechnen, dass Ihre Daten an den Gesamtverband der Versicherungswirtschaft weitergemeldet werden. In der Konsequenz heißt das: Stellen Sie die Anträge nicht gleichzeitig, so riskieren Sie, dass

Die Schritte zum Vertrag

Bedarfsprüfung

Wie bin ich abgesichert ...
- durch die gesetzliche Rentenversicherung?
- durch eine zusätzliche Betriebsrente?
- durch die VBL (für öffentlichen Dienst)?
- durch die staatliche Versorgung (für Beamte)?

↓

Vergleich mit dem Nettoeinkommen:
Besteht bei mir eine **Versorgungslücke?**

Ja ↓ **Nein** ↘

(Nein:) Sie benötigen **keinen weiteren Versicherungsschutz.**

(Ja:) Leide ich an **Vorerkrankung(en)?**

Ja ↙ **Nein** ↘

(Ja:) Arbeite ich in einem **Risikoberuf?**

(Nein:) Arbeite ich in einem **Risikoberuf?**

Ja ↙ **Nein** ↘ **Ja** ↙ **Nein** ↘

Suchen Sie sich einen **Gruppenversicherungsvertrag!**

Stellen Sie **gleichzeitig zahlreiche (Probe-)Anträge!**

Optimieren Sie Ihre gewünschte private **Berufsunfähigkeitsversicherung:**
- Vertragsgestaltung
- Versicherungsbedingungen
- Preis

dort bereits Datenbankeintragungen vorliegen – im schlimmsten Fall zuvor ausgesprochene Ablehnungen. Und das vermindert Ihre Chancen erheblich (→ Seite 43).

Vorerkrankungen und berufliche Risiken entscheidend für Procedere beim Versicherungsantrag

Wenn Sie kerngesund sind und in einem risikoarmen (Büro-) Job arbeiten, ist das weitere Procedere relativ einfach. Sie können dann unter den Gesellschaften, die gemäß Ihren Vorgaben ein Angebot machen, die preiswerteste Police auswählen. Alle diejenigen aber, die Vorerkrankungen haben und/oder in einem risikoreichen Beruf arbeiten, müssen in jedem Fall und zwar gleichzeitig zahlreiche Probeanträge stellen. Dabei gilt die Faustregel: Je gravierender die Vorerkrankung und je risikoreicher der Beruf, desto mehr Anträge sollten verschickt und dabei auch teure Anbieter mit einbezogen werden (→ Seite 107).

Leider wird es aber eine Reihe von Interessenten, vor allem Personen mit Risikoberufen und/oder schweren Vorerkrankungen, extrem schwer haben, überhaupt eine Versicherung zu finden. Ihnen bleibt vermutlich nichts anderes übrig, als sich nach einem Gruppenvertrag umzusehen, der dank einer erleichterten Gesundheitsprüfung die Aufnahme ermöglicht (→ Seite 70), oder eine Alternative zur Berufsunfähigkeitsversicherung zu suchen (→ Seite 123).

Tückische Gesundheitsfragen

Mangelhafte Antragsformulare sind einer der Hauptgründe für spätere Streitigkeiten um die Rente. Vor allem im Bereich der Gesundheitsfragen verbergen sich regelrechte Fallen, die später von den Versicherungen genutzt werden können, um den Rentenanspruch abzulehnen. Ganz wichtig ist es hier, absolut ehrliche Angaben zu machen. Alle Vorerkrankungen und Behandlungen sind unbedingt anzugeben. Wer hier bewusst etwas verschweigt, riskiert später den Versicherungsschutz.

Formulierungen vielfach nicht eindeutig

Dabei wird es den Verbrauchern allerdings nicht allzu leicht gemacht. So fragt eine Versicherung etwa in ihrem Antragsformular: „Leiden Sie oder haben Sie in den letzten 10 Jahren an Krankheiten, Störungen oder Beschwerden gelitten?" Was aber sind Störungen? Eine solche Frage lässt der subjektiven Einschätzung breiten Spielraum und ist nur schwer korrekt zu beantworten. Die Gefahr, dass hier – obendrein angesichts des langen Zeitraums von zehn Jahren – etwas vergessen wird, ist sehr groß. Noch problematischer sind Fragen wie: „Sind Sie gesund und arbeitsfähig?" Wer hier verneint, erhält vermutlich keine Police. Wer aber bejaht, bekommt möglicherweise schon dann ein Problem, wenn sich später herausstellt, dass er zum Beispiel Massagen verordnet bekam, als er den Versicherungsvertrag ausfüllte. Dann beruft sich die Versicherung sehr schnell auf eine so genannte vorvertragliche Anzeigepflichtverletzung und verweigert die Leistung, also die Rentenzahlung (→ Seite 38).

Kriterien für faire Fragen

Klare und faire Gesundheitsfragen erkennen sie an folgenden Kriterien:

- Die Fragen nach Arztbesuchen und Erkrankungen sind beschränkt auf die vergangenen fünf (noch besser: drei) Jahre (→ Seite 84).
- Es werden nur objektive Tatbestände (Krankheiten, Unfälle) abgefragt, die ärztliche Behandlungen zur Folge hatten.
- Es wird deutlich auf die Folgen hingewiesen, die eine Verletzung der vorvertraglichen Anzeigepflicht zeitigt.

Tipp: Aussortieren!

Wenn das Antragsformular unübersichtlich gestaltet ist, nicht genügend Platz für Antworten lässt oder die Fragen unpräzise formuliert sind, dann sollten Sie ein solches Angebot sofort aussortieren. Leider sind aber klar gestaltete Formulare und verständliche Gesundheitsfragen noch eher die Ausnahme.

Mit Ihrer Unterschrift unter den Versicherungsvertrag ermächtigen Sie den Versicherer, Daten an den Gesamtverband der Versicherungswirtschaft weiterzuleiten. Alle abgelehnten oder nur mit Risikozuschlag oder Versicherungsausschlüssen angenommenen Anträge werden dort in einer zentralen Wagnisdatei gespeichert (→ Seite 43). Wenn Sie also irgendwann einmal abgelehnt wurden, ist dies der Versicherungswirtschaft bekannt. Es macht also keinerlei Sinn, eine frühere Ablehnung oder schwerwiegende Vorerkrankungen zu verschweigen.

Tun Sie es dennoch, liefern Sie dem Versicherer unnötig eine Chance, den Vertrag später wegen falscher Angaben anzufechten und keine Rente zu zahlen.

Gerettet wird die Situation keinesfalls dadurch, dass der Antrag im Beisein eines Versicherungsvertreters ausgefüllt wird. Im Gegenteil: Dann wächst die Gefahr, trotz abgeschlossener Versicherung am Ende ohne Rente dazustehen, sogar noch. Denn der Vertreter will den Vertragsabschluss auf keinen Fall gefährden, schließlich lebt er ja von der damit verbundenen Provision. Vor diesem Hintergrund werden zurückliegende Krankheiten häufig verharmlost. Der Vertreter behauptet dann etwa, der vor drei Jahren erlittene Bandscheibenvorfall müsse nicht angegeben werden, weil „die Sache ja praktisch ausgeheilt ist und keine akuten Beschwerden da sind". Darauf dürfen Sie sich in keinem Fall einlassen. Bestehen Sie darauf, dass Ihre Angaben im Antrag festgehalten werden. Sonst gefährden Sie Ihren Versicherungsschutz. Denn die vorvertragliche Anzeigepflichtverletzung ist für die Versicherung oft der letzte Strohhalm, um die jahrelange Rentenzahlung doch noch abzuwenden (→ Seite 77). Kann sie Ihnen diese Anzeigepflichtverletzung nachweisen, muss sie trotz gutachterlich festgestellter Berufsunfähigkeit nicht zahlen.

» Schwebend unwirksam

Versicherungsberater Rüdiger Falken kennt das Problem der Gesundheitsfragen, die in vielen Fällen kaum wahrheitsgemäß zu beantworten sind. Sein Urteil: „50 Prozent aller Verträge sind in den ersten Jahren schwebend unwirksam, da die gemachten Angaben oft falsch oder unvollständig sind. Den Versicherern kann das nur recht sein. Denn derzeit ist es doch so: Je weniger die Versicherung weiß, desto besser für sie später bei einem eventuellen Streit. Deshalb geben die sich auch mit so dürftigen Angaben am Anfang zufrieden. Später wird dann um so intensiver nachgeforscht."

Urteile: Welche Vorerkrankungen müssen Sie angeben?

Zur so genannten Gefahrerheblichkeit von Vorerkrankungen gibt es zahlreiche Gerichtsurteile. Angegeben werden müssen beispielsweise:

- ärztliche Behandlungen wegen vasovegetativer Migräne, vegetativer Störungen und eines Überforderungssyndroms mit Verordnung von Psychopharmaka (BGH, Az. IV ZR 203/99);
- langjährig festgestellte und behandlungsbedürftige erhöhte Leberwerte (BGH, Az. IV ZR 99/93);
- reaktive Depression (BGH, Az. IV ZR 232/91);
- Bandscheibenvorfall (BGH, Az. IV ZR 77/90);
- Vorhofflimmern mit kardiologischer Konsultation (OLG Hamm, Az. 20 U 114/00);
- bestehende Depression (OLG Saarbrücken, Az. 5 U 928/97);
- mehrmonatige krankheitsbedingte Arbeitsunfähigkeit (OLG Hamm, Az. 20 U 141/92).

Allerdings gilt nach einem Urteil des Bundesgerichtshofs: Gibt der Versicherungsnehmer eine ärztliche Untersuchung mit dem Ergebnis einer *Bagatellerkrankung* nicht an, liegt bei der hier gegebenen Fragestellung („Sind Sie in den letzten zehn Jahren wegen eines Leidens, einer Erkrankung, eines Unfalls oder wegen sonstiger Gesundheitsstörungen ärztlich beraten, behandelt, untersucht worden?") keine Verletzung der Anzeigeobliegenheiten vor. Es fehlt in einem solchen Fall schon an einem gefahrenerheblichen Umstand, auf den sich die Untersuchung bezogen hat. (BGH, Az. IV ZR 248/97)

Der Versicherer wird also alles unternehmen, um in den Krankenakten aller behandelnden Ärzte irgendwelche Krankheiten nachzuweisen, die Sie im Antrag nicht angegeben haben.

Besonders gefährdet sind nach den Erfahrungen des Versicherungsberaters Hans-Hermann Lüschen jene Kunden, die ihre Versicherung über einen Strukturvertrieb abgeschlossen haben. Als Strukturvertriebe gelten Organisationen wie AWD, HMI, MLP, OVB, Deutsche Vermögensberatung oder Zeus. Weil bei diesen Firmen ein hoher Abschlussdruck herrscht, besteht die erhöhte Gefahr, dass der Kunde bei Antragstellung „gesund geredet" und „schön gemalt" wird. Hinterher – bei der Durchsetzung des Rentenanspruchs – kommen die Probleme und steht der Kunde in der Regel allein da.

Tipp

Füllen Sie den Antrag auf eine Berufsunfähigkeitsversicherung möglichst selbst aus. Sie unterschreiben schließlich das Formular und bestätigen damit die Richtigkeit der Angaben. Liefern Sie sich hier keinem Vertreter aus.

Vorteilhaft ist es, wenn bei der Antragstellung der Zeitraum, auf den sich die Gesundheitsfragen beziehen, auf fünf oder noch besser auf drei Jahre begrenzt wird (→ Seite 84). Dieser Zeitraum lässt sich noch halbwegs überschauen und mindert das Risiko, unabsichtlich etwas zu vergessen. Noch besser wäre

Vorsicht, Formulartrick!

Auch wenn die Begrenzung der Gesundheitsfragen auf fünf Jahre ausdrücklich im Formular erwähnt wird, bedeutet dies noch nicht zwingend mehr Sicherheit. Denn häufig ist die Befristung auf fünf Jahre nur in der *ersten* Gesundheitsfrage des Antragsformulars genannt. Versicherungsberater Hans-Hermann Lüschen hält dies für „einen Formulartrick und ideales Hintertürchen, um den Kunden hereinzulegen. Denn wenn die Befristung nur in der ersten Frage genannt ist, muss der Kunde bei allen nachfolgenden Fragen zeitlich unbefristete Angaben machen. Um wirklich sicherzugehen, muss die zeitliche Befristung also möglichst in allen Punkten ausdrücklich benannt sein."

es, wenn im Antrag nicht nach Krankheiten oder Gebrechen gefragt würde, sondern nur nach Behandlungen. Die stehen klar fest, daran kann sich ein Kunde in aller Regel erinnern.

Trotz der Gefahr, die von vergessenen oder verschwiegenen Angaben bei der Antragstellung ausgeht, bleibt ein kleiner Trost. Der Gesetzgeber hat dieses Risiko zumindest zeitlich begrenzt, und zwar auf zehn Jahre. Nach Ablauf dieser Frist bleibt Ihre „Vergesslichkeit" folgenlos und kann Ihren Versicherungsschutz nicht mehr gefährden.

Ärzte sind gegenüber Versicherer von Schweigepflicht entbunden

Wichtig zu wissen ist auch, dass Sie mit Ihrer Unterschrift unter den Versicherungsantrag den Versicherer ermächtigen, bei den Ärzten, die Sie behandelt haben, Gesundheitsdaten abzufragen – sogar über Ihren Tod hinaus. Diese Entbindung von der Schweigepflicht kann dazu führen, dass ein Arzt später der Versicherung gegenüber erklärt, er habe ein bestimmtes Leiden schon früher als Krankheit diagnostiziert. Und das, obwohl es sich lediglich um eine Verdachtsdiagnose handelte, die der Arzt Ihnen gegenüber nie erwähnt hatte. So kann es zur Leistungs-

Sicherheit durch Zusatzerklärung

FINANZtest empfahl noch im Jahr 2001, dem Versicherungsantrag folgende Erklärung hinzuzufügen: „Alle im Antrag gemachten Angaben habe ich als medizinischer Laie nach bestem Wissen und Gewissen getätigt. Auf die Angabe kurzzeitiger, jahreszeitlich bedingter Grippeerkrankungen oder gelegentlichen Unwohlseins habe ich, da nicht chronisch, verzichtet und nur diejenigen Erkrankungen angegeben, die nach meiner Erinnerung zu einer Behandlung durch den Arzt geführt haben. Für weitergehende Fragen wenden Sie sich bitte an meinen Hausarzt."

Wenn die Versicherung dies akzeptiert, erhöht dies Ihre Chancen enorm, später problemlos die Rente zu erhalten. In der Praxis hat sich jedoch gezeigt, dass viele Versicherer diese Zusatzerklärung nicht akzeptieren.

verweigerung kommen, selbst wenn Sie alle Fragen aus Ihrer Sicht korrekt beantwortet haben. Die vernünftigste, dafür aber sehr aufwändige Lösung: Bitten Sie Ihre Ärzte, Ihnen bei der Beantwortung der Gesundheitsfragen behilflich zu sein und gegebenenfalls ein Extrablatt mit den angefallenen Behandlungen abzuzeichnen.

Einfacher ist es, dem Antrag eine Zusatzerklärung (→ Kasten Seite 103) beizufügen, in der Sie sich klar als medizinischer Laie erklären und zur sofortigen Nachfrage bei den Ärzten auffordern – vor Vertragsschluss.

Wichtig: Unterlagen des Versicherers aufbewahren

Noch ein Hinweis: Bewahren Sie möglichst alle Unterlagen auf, die Ihnen der Versicherer zugesandt hat. Bei eventuellen späteren Streitfällen benötigen Sie dieses Material unter Umständen zur Beweisführung.

Die Tricks der Vertreter

Mit diesem Ratgeber und den Untersuchungsergebnissen zu Berufsunfähigkeitsversicherungen in FINANZtest sind Sie selbst in der Lage, sich einen Versicherer zu suchen. Die „Unterstützung" durch einen Versicherungsvertreter haben Sie nicht nötig. Aber vielleicht steht Ihnen trotzdem ein „völlig unverbindlicher" Besuch eines Vertreters ins Haus – dann sollten Sie gegen dessen Argumente gewappnet sein.

Provisionen oft wichtiger als Kundenwohl

Selbstverständlich gibt es eine ganze Reihe von Vertretern, die fair und kompetent beraten. Diese Vertreter setzen auf eine langfristige und stabile Kundenbeziehung und stellen diese über den schnellen Profit. Andererseits leben Vertreter im Wesentlichen von der Abschlussprovision. Da geraten die langfristigen Kundeninteressen leicht in den Hintergrund, und es werden schlicht die falschen Produkte verkauft, zum Beispiel Kapitallebensversicherungen. Weil hier die Provision besonders üppig ausfällt, versuchen viele Vertreter noch immer, die Berufsunfähigkeits- mit einer Kapitallebensversicherung zu verbinden, auch wenn dies für die meisten Kunden nach Ansicht von Verbraucherschützern wenig Sinn macht. Besser ist in aller Regel der Abschluss einer Berufsunfähigkeitsversicherung in Kombination mit einer Risikolebensversicherung oder – falls diese günstiger sein sollte – einer selbständigen Berufsunfähigkeitsversicherung (→ Seite 52).

Diese vorteilhafteren Produkte werden aber von vielen Vertretern bewusst schlecht geredet. Wer nicht berufsunfähig werde, so behaupten sie, verliere mit einer solchen Versicherung sämtliche eingezahlten Beiträge. Anders bei einer Kapitallebensversicherung – so das listige Argument vieler Vertreter –, dort sei das Geld am Ende nicht verloren, sondern werde sogar verzinslich angelegt. Versprochen wird somit gleich zweierlei: Sicherheit im Invaliditätsfall und eine gute Geldanlage.

Kapitallebensversicherung in Verbindung mit Berufsunfähigkeitsversicherung in der Regel nicht empfehlenswert

Tatsache ist hingegen, dass die Kapitallebensversicherung eine besonders undurchsichtige Geldanlage ist (→ Seite 54). Wie sie kalkuliert ist, wissen nur die Versicherungsmathematiker der jeweiligen Gesellschaft. Klar ist nur: Prämienanteile, die für den Berufsunfähigkeitsschutz und für die Auszahlung im Todesfall verwendet werden, fließen nicht in den Sparvorgang ein. Auch die Verwaltungskosten und die üppigen Vertreterprovisionen sind für den Kunden verloren. Das macht eine Kapitallebensversicherung – vor allem in Kombination mit einer Berufsunfähigkeits-Zusatzversicherung – letztlich zu einem sehr teuren Produkt, das sich nur „lohnt", wenn man eisern bis ans Vertragsende einzahlt.

Wie sehr die Vertreter an der Kapitallebensversicherung hängen, zeigt ein weiterer Trick. Wenn die Versicherung den Abschluss einer Berufsunfähigkeits-Zusatzversicherung aufgrund von Vorerkrankungen ablehnt, legen Vertreter dem Kunden nahe, zunächst schon einmal die Lebensversicherung abzuschließen. In einem Jahr könne er es ja noch einmal probieren. Dann werde möglicherweise nicht mehr so genau geprüft ... Unterstützt wird diese Argumentation durch zweideutige Formulierungen im Ablehnungsschreiben der Versicherung wie etwa: „ ... jetzt nicht versicherbar ... in einem Jahr wieder Anfrage möglich ..." Natürlich folgt in einem Jahr erneut die Ablehnung, aber der Vertreter hat sein Ziel erreicht: den Abschluss eines Lebensversicherungsvertrags mit der hohen Provision.

Vertreterbesuch bei Risikokunden

Ein Diabetiker schrieb sämtliche in FINANZtest mit „sehr gut" bewerteten Versicherer an und bat um ein Angebot. Erwartungsgemäß lehnten die meisten Anbieter ab oder forderten zunächst intensive Untersuchungen. Dafür bekam er den ungebetenen Besuch eines Vertreters. Auch der hatte zwar die Ablehnung der Berufsunfähigkeitszusatzversicherung dabei, präsentierte aber gleich als Alternative eine Unfall- und eine Rentenversicherung. Die Formulare waren bereits ausgefüllt.

Wichtig: Daten im Versicherungsantrag und in der Police vergleichen

Es gibt sogar schwarze Schafe unter den Vertretern, die im Nachhinein die Zahlen im Antrag ändern. Da können sich dann wie von Zauberhand Versicherungssummen oder Laufzeiten ändern. Gerade bei der Berufsunfähigkeitsversicherung kann dies zu einem bösen Erwachen führen, etwa wenn der Kunde sich wundert, dass er mit 56 Jahren nicht mehr versichert ist. Erklärung: Der Vertreter hatte die Versicherungszeit einfach von 60 auf 55 Jahre vorgezogen.

Ein beliebter und dabei ganz legaler Trick ist es, die Daten auf dem Antrag abzuändern und mit dem Hinweis „gemäß § 5 Versicherungsvertragsgesetz (VVG)" zu versehen. Dann wird zwar auf der Police die geänderte Stelle besonders markiert – zum Beispiel mit Sternchen versehen oder unterstrichen –, doch viele Kunden merken nicht, dass Zahlen geändert wurden. Sie denken vielmehr, es handele sich bei den hervorgehobenen

Stellen um besonders wichtige Vereinbarungen, und erkennen nicht, dass hier wichtige Punkte zu ihrem Nachteil verändert wurden.

Noch perfider ist es, wenn ohne die in § 5 VVG vorgeschriebene Hervorhebung vom Antrag abgewichen wird. In einem solchen Fall haben Sie als Kunde keine Chance, auf den ersten Blick die Änderung zu erkennen.

Prüfen Sie deshalb unbedingt, ob die Daten in der Police mit den Daten in Ihrem Antrag übereinstimmen. Gibt es Abweichungen, müssen Sie innerhalb eines Monats schriftlich widersprechen. Wenn Sie keine Durchschrift des Versicherungsantrags bekommen haben, können Sie gemäß § 3 VVG eine Kopie nachfordern, in aller Ruhe Antragsinhalt und Police vergleichen und dann gegebenfalls Widerspruch einlegen.

Bei Abweichung sofort widersprechen

Leider weichen die Daten in der Police häufig von denen im Versicherungsantrag ab – mit möglicherweise schlimmen Folgen für den Kunden. Denn prüft er die Police nicht genau und legt keinen Widerspruch ein, gilt laut § 5 (1) VVG der neue Vertragsinhalt, wenn die Abweichungen gesondert hervorgehoben waren. Hat der Versicherer dies nicht getan, gelten die ursprünglichen Inhalte des Versicherungsantrags als vereinbart.

§ 5 VVG – Billigungsklausel und Widerspruchsfrist – hat folgenden Wortlaut:

„(1) Weicht der Inhalt des Versicherungsscheins von dem Antrag oder den getroffenen Vereinbarungen ab, so gilt die Abweichung als genehmigt, wenn der Versicherungsnehmer nicht innerhalb eines Monats nach Empfang des Versicherungsscheins in Textform widerspricht.

(2) Diese Genehmigung ist jedoch nur dann anzunehmen, wenn der Versicherer den Versicherungsnehmer bei Aushändigung des Versicherungsscheins darauf hingewiesen hat, dass Abweichungen als genehmigt gelten, wenn der Versicherungsnehmer nicht innerhalb eines Monats nach Empfang des Versicherungsscheins schriftlich widerspricht. Der Hinweis hat durch besondere schriftliche Mitteilung oder durch einen auffälligen Vermerk in dem Versicherungsschein, der aus dem übrigen Inhalt des Versicherungsscheins hervorgehoben ist, zu geschehen; auf die einzelnen Abweichungen ist besonders aufmerksam zu machen.

(3) Hat der Versicherer den Vorschriften des Absatzes 2 nicht entsprochen, so ist die Abweichung für den Versicherungsnehmer unverbindlich und der Inhalt des Versicherungsantrags insoweit als vereinbart anzusehen. (...)"

Die richtige Strategie: zahlreiche Probeanträge

Es ist wichtig, dass Sie möglichst viele Probeanträge stellen, und zwar um so mehr, je risikoreicher Ihr Beruf eingestuft ist und/oder je mehr Vorerkrankungen bei Ihnen zu verzeichnen sind (→ Seite 42). Keinesfalls sollten Sie nur einer einzigen Versicherung – wie gut diese auch bei allen Tests abgeschnitten haben sollte – einen Antrag schicken. Sollte dieser abgelehnt werden – und preiswerte Versicherer prüfen häufig besonders kritisch –, verschlechtern sich damit Ihre Chancen, bei einer anderen Versicherung einen Vertrag zu bekommen, dramatisch. Abgelehnte Anträge – sogar Probeanträge – werden nämlich in einer Zentraldatei der Versicherungswirtschaft gespeichert (→ Seite 43). Dort fragen alle Versicherer routinemäßig nach. Konsequenz: Ist dort bereits eine Ablehnung aktenkundig, wirkt sich das für Sie ungünstig aus. Auch müssen Sie eine frühere Ablehnung auf dem neuen Antragsformular selbst angeben.

Deshalb gilt: Nur wenn Sie alle Probeanträge *gleichzeitig* stellen, können Sie mit gutem Gewissen ankreuzen, noch nie abgelehnt worden zu sein. Aus den für die Versicherungen verbindlichen Angeboten können Sie sich dann das für Sie passende aussuchen.

Anonyme Probeanträge – Muster ohne Wert

Immer wieder wird geraten, man solle anonyme Probeanträge stellen, um keine Ablehnung und keinen Eintrag in die Wagnisdatei zu riskieren. Allerdings sind solche anonymen Anträge völlig wertlos, da sich ein interessierter Kunde auf die Antwort der Versicherung später nicht berufen kann. Wer wirklich ein aussagekräftiges Angebot haben will, muss also mit offenen Karten spielen und seine Daten preisgeben. Keine Versicherung wird Ihnen nämlich ein Angebot machen, ohne sich über Sie rückversichert zu haben.

Für einen Probeantrag benutzen Sie am besten das Original-Antragsformular der Gesellschaft, füllen es ganz normal aus und machen deutlich, dass es sich um einen Probeantrag handelt. Am besten fügen Sie ein Begleitschreiben bei, in dem Sie erläutern, weshalb Sie zwar ein verbindliches Angebot wünschen, aber noch keine bindende Police. Andernfalls laufen Sie Gefahr, dass Sie – ohne es zu wollen – gleich mehrere Verträge abschließen. Falls die Versicherung Ihren „normalen" Antrag annimmt und Ihnen die Police zuschickt, bleiben Ihnen nur 14 Tage, um der Versicherung zu widersprechen.

» Klausel zur Datenweitergabe streichen

Wolfgang Scholl vom Verbraucherzentrale Bundesverband (vzbv) empfiehlt, in Probeanträgen die Klausel zur Datenweitergabe zu streichen und folgendes Begleitschreiben beizufügen:

„Den beiliegenden Versicherungsantrag betrachten Sie bitte als Probeantrag. Er berechtigt Sie nicht, Daten an Dritte weiterzuleiten. Sobald Sie mir mitgeteilt haben, ob und unter welchen Bedingungen Sie ihn annehmen, werde ich entscheiden, ob ich einen rechtswirksamen Antrag folgen lasse."

Insektenstich mit Folgen

Welche fatalen Folgen ein abgelehnter Antrag haben kann, musste ein Angestellter aus Brandenburg erfahren. Er versuchte es zunächst bei einer preiswerten Direktversicherung. Doch preiswert bedeutete in seinem Fall auch: besonders penibel. Die Gesundheitsfragen bezogen sich auf die letzten zehn Jahre. Ehrlich gab der Interessent einen Kapselschaden am Knöchel und einen fast zehn Jahre zurückliegenden Insektenstich an, der damals eine allergische Reaktion verursacht hatte. Mit der Folge: Ablehnung wegen Insektenstichallergie. Die war aber niemals ärztlich festgestellt worden. Doch es kam noch schlimmer: Auch weitere Versuche, eine Versicherung zu bekommen, scheiterten – selbst bei Anbietern, die Gesundheitsfragen auf die letzten drei oder fünf Jahre beschränken. Dort war die angebliche Insektenstichallergie über die Zentraldatei der Versicherungswirtschaft jedoch längst bekannt.

Die meisten Versicherungen akzeptieren das Verfahren der Probeanträge. Bei den meisten Anbietern kann auch direkt ein Antrag gestellt werden, nur wenige bestehen auf einem Vertreterbesuch. Ohnehin sollten Sie Versicherungen, die nur mit Einschaltung des Außendienstes abgeschlossen werden können, nicht in die engere Wahl ziehen.

Der Weg zum Abschluss – ein Leitfaden

1. Ermitteln Sie Ihren Bedarf: Grundsätzlich sollten Sie versuchen, für den Notfall möglichst Ihr derzeitiges Nettoeinkommen abzusichern. Nur werden Sie vermutlich keine Versicherung finden, die dazu in voller Höhe bereit ist. Allerdings haben Sie als Arbeitnehmer im Fall einer Berufsunfähigkeit vermutlich auch Ansprüche aus einer Erwerbsminderungsrente der gesetzlichen Rentenversicherung (→ Seite 17). Bitten Sie deshalb Ihren Rentenversicherungsträger (BfA, LVA) um die Zusendung einer aktuellen Renteninformation, falls Sie diese noch nicht vorliegen haben. Die Renteninfomation enthält auch die Höhe der Erwerbsminderungsrente, auf die Sie derzeit Anspruch haben und die sich – wenn Sie schon ein paar

Bedarfsermittlung

Als grobe Faustregel für Ihren Bedarf gilt:

  Ihr heutiges Nettoeinkommen
– Anspruch aus Erwerbsminderungsrente
– Ansprüche aus Betriebsrente/VBL

= **zu versichernde monatliche Berufsunfähigkeitsrente**

Berufsjahre hinter sich haben – in der Regel nur noch unmerklich steigern wird.

Klären Sie außerdem, was Ihr Arbeitgeber im Fall einer Berufsunfähigkeit oder Erwerbsminderung zahlt. Was bekommen Sie aus einer Betriebsrente? Was zahlt – für Arbeitnehmer im öffentlichen Dienst – die VBL?

2. Persönliche Merkmale ermitteln: Ermitteln Sie Ihre Position im Rennen um eine gute Versicherung: Entscheidend sind Ihr Alter, Ihr Geschlecht, Ihr Beruf, Ihre Vorerkrankungen und Hobbys (→ Seite 44). Aus der Tabelle „Preisspannen für den Berufsunfähigkeitsschutz" (→ Seite 92) können Sie nun überschlägig ermitteln, mit welchen Kosten Sie rechnen müssen, wenn Sie Ihre Versorgungslücke schließen wollen. Rechnen Sie nicht damit, in jedem Fall von einer günstigen Gesellschaft akzeptiert zu werden – zumindest nicht, wenn Sie schon Vorerkrankungen haben.

3. Was können Sie langfristig zahlen? Errechnen Sie anhand Ihres jetzigen Einkommens, wie viel Sie für den Berufsunfähigkeitsschutz erübrigen können. Und das viele Jahre lang. In vielen Fällen wird dieser Betrag kaum ausreichen, um die unter Punkt 2 ermittelte Prämie selbst bei einer preiswerten Gesellschaft zu zahlen.

Bestehende Versicherungen auf dem Prüfstand

Überdenken Sie also Ihre bislang bestehenden Versicherungen und vor allem Ihre Anlagestrategien. Es macht nach Ansicht aller Fachleute wenig Sinn, Geld anzulegen, ohne zuvor das Existenzrisiko Berufsunfähigkeit abgesichert zu haben. Das heißt für Sie: Prüfen Sie, ob Sie Geld, das Sie bislang regelmäßig sparen, in eine Berufsunfähigkeitsversicherung stecken können. Außerdem sollten Sie sich beraten lassen (→ Seite 131), auf welche bestehenden Versicherungen Sie verzichten oder welche Sie günstiger abschließen könnten.

4. Kreis der guten Versicherer auswählen: Anhand des Tableaus auf den Seiten 80/81 können Sie erkennen, welche Versicherungen jene fairen Klauseln bieten, auf die Sie besonderen Wert legen. Außerdem sollten Sie die aktuelle Untersuchung von Berufsunfähigkeitsversicherungen in FINANZtest 08/2003 oder im Internet unter www.finanztest.de (Suchwort „Berufsunfähigkeit") berücksichtigen. Die mit „sehr gut" getesteten Tarife finden Sie ebenfalls in dem Tableau auf den Seiten 80/81.

Haben Sie keine Vorerkrankungen und keinen allzu risikoträchtigen Beruf, dann können Sie sich jetzt allein auf die Versicherer mit den sehr guten Bedingungen konzentrieren und dort Informationsmaterial – zusammen mit einem Versicherungsantrag – bestellen. Bei Vorerkrankungen oder einem Risikoberuf (→ Seite 45) müssen Sie den Kreis der Versicherungen allerdings erweitern.

Gruppenvertrag als Alternative bei gravierenden Vorerkrankungen

Je nach Schwere der Vorerkrankung sollten Sie sich, bevor Sie Probeanträge stellen, erkundigen, ob Sie einen Gruppenvertrag mit reduzierten Gesundheitsfragen abschließen können (→ Seite 70). Empfehlungen eines Versicherungsberaters könnten sich hier langfristig auszahlen. Für alle anderen gilt: Versicherungen anschreiben und das Informationsmaterial genau studieren.

5. Anträge stellen: Nun sollten Sie möglichst viele Probeanträge gleichzeitig stellen. Je ungünstiger Ihre Ausgangslage (Risikoberuf, Vorerkrankungen), desto mehr Anträge sollten Sie abschicken – und zwar keinesfalls nur an die in Tests als preiswert herausgestellten Anbieter. Nur wenn Sie vollkommen gesund sind und einen risikoarmen Beruf ausüben, können Sie sich ausschließlich auf die günstigen Versicherungen mit guten Versicherungsbedingungen konzentrieren und Ihren Versicherungsschutz optimieren. Die Adressen sämtlicher Versicherungen finden Sie im Anhang (→ Seite 143 ff.).

Probeanträge in jedem Fall gleichzeitig abschicken

Nur wenn Sie die Anträge gleichzeitig in den Briefkasten werfen, können Sie sicherstellen, dass noch keine Ablehnungen in der Zentraldatei der Versicherer gespeichert sind (→ Seite 43).

Beim Ausfüllen des Probeantrags berücksichtigen Sie bitte die Ausführungen im Kapitel „Der zweite Schritt: Die optimale Gestaltung des Vertrags" (→ Seite 50). Das heißt: Soweit Sie wählen können, entscheiden Sie sich für:

- Pauschal- statt Staffelregelung;
- eine Dynamik oder noch besser: eine Nachversicherungsgarantie;
- eine Dynamisierung im Leistungsfall;
- die sofortige Beitragsverrechnung;
- keine Karenzzeiten;
- eine Versicherungs- und Leistungszeit möglichst bis zum 65. Lebensjahr.

Eine Ausnahme gilt für Beamte (→ Seite 24): Sie könnten auch mit kürzeren Versicherungszeiten leben. Achten Sie als Beamter darauf, dass die Dienstunfähigkeitsklausel enthalten ist. Piloten und Cockpitpersonal sowie Ballonfahrer benötigen die Luftfahrtklausel (→ Seiten 47, 86).

Setzen Sie die von Ihnen ermittelte Versorgungslücke als gewünschte Rentenhöhe ein. Beantworten Sie alle Gesundheitsfragen sorgfältig und ehrlich.

6. Angebot auswählen: Das Angebot, das der Versicherer auf Ihren Probeantrag hin schickt, ist verbindlich. Sie brauchen es, wenn es Ihren Wünschen entspricht, also nur noch anzunehmen.

Prüfen Sie anhand des Tableaus auf den Seiten 80/81 genau, ob Sie tatsächlich den richtigen Tarif – mit guten Bedingungen – bekommen haben.

Achtung: Antragsdaten vom Versicherer häufig abgeändert

Erfahrungsgemäß bekommen Sie jedoch nur selten ein Angebot, das sich vollständig mit Ihren Vorgaben deckt. Häufig ändert der Versicherer die Angaben aus dem Probeantrag oder Ihrer Angebotsanforderung ab. Sie sollten also die geänderten Vertragsbestandteile genau prüfen und gegebenenfalls reklamieren.

7. Rechtsschutz prüfen: Ob eine Rechtsschutzversicherung notwendig ist, bleibt umstritten. Angesichts der zahlreichen Streitigkeiten um die Anerkennung von Berufsunfähigkeitsrenten sollten Sie allerdings den Abschluss eines solchen Vertrags in Erwägung ziehen.

Rechtsschutz- vor Berufsunfähigkeitsversicherung abschließen

Wichtig ist in diesem Fall, die Rechtsschutzversicherung zeitlich vor der Berufsunfähigkeitsversicherung abzuschließen – sonst tritt sie im Streitfall eventuell nicht ein, weil Risiken, die bereits vor dem Abschluss des Rechtsschutzvertrags existierten, nicht abgesichert werden. Schließen Sie die Rechtsschutzversicherung möglichst nicht bei demselben Versicherungskonzern ab, bei dem Sie die Berufsunfähigkeitspolice unterschreiben wollen.

8. Strategien der Prämienreduktion: Es gibt einige Möglichkeiten, wie Sie den Preis für den privaten Berufsunfähigkeitsschutz reduzieren können, ohne an Versicherungsschutz einzubüßen. So gewähren vor allem viele günstige Versicherer einen *Bonus für Nichtraucher*.

Lassen Sie sich ausrechnen, wie viel Prämie Sie sparen, wenn die Versicherungszeit schon mit dem 60. Lebensjahr endet. Die Leistungszeit sollte aber möglichst bis zum 65. Geburtstag laufen. Wenn Sie sich nur über diesen Weg eine gute Versicherung leisten können, lässt sich eine *Reduktion der Versicherungszeit* bis zum 60. Lebensjahr notfalls vertreten.

Eine erhebliche Prämienreduktion für junge Versicherte bringt die *„technisch einjährige" Versicherung* (→ Seite 68), die jedoch nicht von allen Gesellschaften angeboten wird. Diese Variante macht jedoch den Berufsunfähigkeitsschutz nur in jungen Jahren günstig. Später werden die Prämien um so teurer.

Eine Preisreduktion für jung und alt bringt hingegen die *jährliche Zahlungsweise*. Verglichen mit der monatlichen Zahlung sinkt damit die Jahresprämie um rund 5 Prozent.

Auch ein Berufsunfähigkeitsschutz über eine *betriebliche Altersversorgung* ist normalerweise billiger als über einen privaten Versicherungsvertrag. Im Rahmen von betrieblichen Lösungen handelt es sich oft um kostengünstige Gruppentarife, die obendrein – soweit sie durch Entgeltumwandlung bezahlt werden – steuerbegünstigt sind. Allerdings sind hier die Modelle in der Regel sehr starr. Individuelle Gestaltungswünsche werden nicht berücksichtigt. Auch können Sie sich hier die Versicherungsgesellschaft in der Regel nicht auswählen (→ Seite 27).

Was tun bei Zahlungs-schwierigkeiten?

Wer wegen Arbeitslosigkeit, Scheidung oder aus anderen Gründen in finanzielle Schwierigkeiten kommt, sollte keinesfalls seine Berufsunfähigkeitsversicherung kündigen, um Geld zu sparen. Anders als bei vielen anderen Versicherungen gilt nämlich: Wer den Berufsunfähigkeitsschutz einmal kündigt, bekommt ab einem gewissen Alter – etwa ab dem 40. Lebensjahr – erfahrungsgemäß nur noch schwer eine neue Versicherung. Experten raten deshalb einhellig, alles daranzusetzen, diese Versicherung aufrechtzuerhalten, zumindest solange das 60. Lebensjahr noch nicht erreicht ist. Für denjenigen, der finanziell in die Klemme geraten ist, gibt es Alternativen, die Belastung durch die Beiträge – zumindest zeitweise – zu verringern.

Zahlungen aussetzen: Rund zehn Wochen können Sie relativ problemlos mit dem Beitrag in Verzug kommen, ohne dass Sie Nachteile befürchten müssen. Erst dann erhalten Sie in der Regel die erste Mahnung, in der wiederum eine Zahlungsfrist von 14 Tagen gesetzt werden muss. Das heißt: Rund drei Monate können Sie auf diese Weise „die Zahlung aussetzen", ohne Ihren Versicherungsschutz zu riskieren.

Eine Mahnung Ihres Versicherers muss Ihnen rechtskräftig zugehen, wobei die Versicherung im Zweifel den Beweis antreten muss, dass Sie die Mahnung tatsächlich erhalten haben.

Teilkündigung: Wer langfristig knapp bei Kasse ist, sollte überlegen, ob er durch eine so genannte Teilkündigung seinen Versicherungsschutz verbilligen kann. Beispielsweise sollten teure und eher verzichtbare Bestandteile wie eine Zusatzversicherung für den Fall eines Unfalltods aus dem Vertrag herausgekündigt werden. Notfalls könnte auch die versicherte Rentenhöhe reduziert, also beispielsweise von 2 000 auf 1 500 Euro pro Monat verringert werden.

Bei Kombinationsprodukt Berufsunfähigkeitsversicherung aufrechterhalten

Sie sollten auch versuchen, eine teure Kombination aus Kapitallebens- und Berufsunfähigkeits-Zusatzversicherung in eine Risikolebensversicherung mit Berufsunfähigkeits-Zusatzpolice umzuwandeln oder eine Beitragsfreistellung in der Hauptversicherung (Kapitallebensversicherung) zu erreichen und die Berufsunfähigkeitsversicherung weiterlaufen zu lassen. Doch in beiden Fällen müsste der Versicherer mitspielen. Davon ist aber leider in der Regel nicht auszugehen. Die Versicherungen vertreten hier den Grundsatz, dass zwar problemlos die Zusatzversicherung, also die Berufsunfähigkeitsversicherung gekündigt werden dürfe, dass aber die Berufsunfähigkeits-Zusatzversicherung nicht ohne die zu Vertragsbeginn geschlossene Hauptversicherung existieren könne.

Vertrag ruhen lassen: Bis zu einem halben Jahr können Sie den Vertrag ruhen lassen, müssen also nichts zahlen, haben aber natürlich auch keinen Versicherungsschutz. Das machen nahezu alle Versicherungen mit. Bei einer längeren Pause ist jedoch eine erneute Gesundheitsprüfung fällig.

›› Niemals kündigen!

Frank Braun vom Bund der Versicherten rät: „Sie sollten Ihre Berufsunfähigkeitsversicherung auf keinen Fall kündigen. Wenn Sie 20 Jahre Beiträge gezahlt haben, dann haben Sie ja – falls Sie keine ‚technisch Einjährige' haben (→ Seite 68) – im Rahmen der Mischkalkulation lange Jahre zu hohe Beiträge gezahlt. Jetzt, wo es für Sie vermutlich riskanter wird, weil Krankheiten drohen, müssen Sie diesen Schutz erhalten. Bei nur vorübergehenden Engpässen sollten Sie notfalls Ihr Konto überziehen oder einen kleinen Kredit aufnehmen, um die Prämie zahlen zu können."

Vorsicht, Steuer! Das Finanzamt kassiert mit

Besteuerung nach Ertragsanteil: Für Altersrentner stellt die Steuer bislang in der Regel kein Problem dar. Sie müssen nur den so genannten Ertragsanteil der Rente versteuern, der vom Renteneintrittsalter abhängt und beispielsweise bei Rentenbeginn mit 65 Jahren 27 Prozent beträgt. Das heißt: Die Altersrente der BfA oder LVA wird in diesem Fall nur zu 27 Prozent der Steuer unterworfen. Da auch für Rentner der normale steuerliche Grundfreibetrag (im Jahr 2003: 7 235 Euro für Alleinstehende/ 14 470 Euro für Verheiratete) gilt, bedeutet das in der Praxis eine weitgehende Steuerfreiheit. Auch die, die früher in Rente gehen – beispielsweise gilt bei Rentenbeginn mit 60 Jahren ein Ertragsanteil von 32 Prozent –, zahlen in der Regel keine Steuer.

Besteuerung der Berufsunfähigkeitsrente nach Ertragsanteil

Berufsunfähigkeitsrenten werden nach § 55 Absatz 2 Einkommensteuer-Durchführungsverordnung (EStDV) abhängig von der voraussichtlichen Laufzeit mit dem Ertragsanteil besteuert. Entscheidend ist deshalb zum Zeitpunkt des Rentenbeginns: Wie viele Jahre Leistungsdauer verbleiben noch?

So lesen Sie die Tabelle: Sind Sie 50 Jahre alt und haben eine Rentenlaufzeit bis zum 65. Geburtstag vereinbart, schauen Sie unter „verbleibende Laufzeit“ = 15 Jahre und finden einen Ertragsanteil von 28 Prozent. Das heißt nicht, dass Sie von Ihrer Rente 28 Prozent Steuern zahlen müssen. Vielmehr werden 28 Prozent der Rente der Steuer unterworfen. Wie viel Steuern Sie dann tatsächlich abführen müssen, hängt von zahlreichen weiteren Faktoren wie Familienstand, Freibeträgen und vor allem Ihren zusätzlichen steuerwirksamen Einnahmen und Ausgaben ab.

verbleibende Laufzeit der Rente	**Ertragsanteil (= steuerpflichtiger Anteil der Berufsunfähigkeitsrente)**	**verbleibende Laufzeit der Rente**	**Ertragsanteil (= steuerpflichtiger Anteil der Berufsunfähigkeitsrente)**
1 Jahr	0 %	22 Jahre	38 %
2 Jahre	2 %	23 Jahre	39 %
3 Jahre	4 %	24 Jahre	40 %
4 Jahre	7 %	25 Jahre	41 %
5 Jahre	9 %	26 Jahre	43 %
6 Jahre	11 %	27 Jahre	44 %
7 Jahre	13 %	28 Jahre	45 %
8 Jahre	15 %	29 Jahre	46 %
9 Jahre	17 %	30 Jahre	47 %
10 Jahre	19 %	31 Jahre	48 %
11 Jahre	21 %	32 Jahre	49 %
12 Jahre	23 %	33 Jahre	50 %
13 Jahre	25 %	34 und 35 Jahre	51 %
14 Jahre	26 %	36 Jahre	52 %
15 Jahre	28 %	37 Jahre	53 %
16 Jahre	29 %	38 Jahre	54 %
17 Jahre	31 %	39 und 40 Jahre	55 %
18 Jahre	32 %	41 Jahre	56 %
19 Jahre	34 %	42 Jahre	57 %
20 Jahre	35 %	43 und 44 Jahre	58 %
21 Jahre	36 %	45 Jahre	59 %

Anders kann es für den Bezieher einer Berufsunfähigkeitsrente aussehen, vor allem wenn er schon in jungen Jahren berufsunfähig wird und dann voraussichtlich lange Jahre diese Rente bezieht. Denn bei solchen Zeitrenten – und dazu gehören auch die gesetzlichen Erwerbsminderungsrenten – wird der Ertragsanteil (→ Tabelle links) anders berechnet als bei den normalen Altersrenten. Und er fällt um so höher aus, je länger die Rente vermutlich laufen wird.

Grundfreibetrag vermindert Steuerlast erheblich

Wer zum Beispiel mit 40 Jahren berufsunfähig wird und bis zum 65. Geburtstag eine Rente bezieht, versteuert einen Ertragsanteil von 41 Prozent. Wer mit 30 berufsunfähig wird, versteuert einen Ertragsanteil von 51 Prozent, wenn die Rente 35 Jahre läuft. Durch die Wirkung des Grundfreibetrags bleibt die tatsächliche Steuerlast unterm Strich dennoch erträglich, wie das folgende Beispiel zeigt.

Ein Schreinermeister wird mit 30 Jahren berufsunfähig, bis zum 65. Lebensjahr sind es also noch 35 Jahre Rentenlaufzeit. Seine Berufsunfähigkeitsrente wird demnach mit dem Ertragsanteil von 51 Prozent versteuert. Angenommen, der Versicherte erhält monatlich 1 000 Euro private Berufsunfähigkeits- sowie außerdem 1 000 Euro gesetzliche Erwerbsminderungsrente. Dann sähe die Rechnung des Fiskus grob vereinfacht so aus: Von der Jahresrente in Höhe von 24 000 Euro unterliegen 51 Prozent der Steuerpflicht. Das ergibt einen Ertragsanteil von 12 240 Euro. Davon werden der Grundfreibetrag (2003: 7 235 Euro), die Werbungskostenpauschale (für Rentner: 102 Euro) sowie der Sonderausgabenpauschbetrag in Höhe von 36 Euro abgezogen. Hat der Schreiner keine zusätzlichen Einnahmen und kann er keine zusätzlichen Sonderausgaben (Spenden, Versicherungsbeiträge etc.) geltend machen, so zahlt er 1 251 Euro Einkommensteuer inklusive Solidaritätszuschlag und Kirchensteuer im Jahr.

Wäre er verheiratet, so würde er wegen des verdoppelten Grundfreibetrags keine Steuern zahlen – allerdings nur solange die Ehefrau kein eigenes Einkommen erzielt. Sonst wird das Einkommen der Ehefrau zu 100 Prozent mit dem Ertragsanteil des Schreiners zusammengerechnet und gemeinsam versteuert. Auch sämtliche weiteren Einnahmen des Schreiners, etwa die Überschüsse aus der geerbten Mietwohnung oder das Gehalt aus dem Halbtagsjob, den er in einem Architekturbüro bekommen hat, müssen zu 100 Prozent versteuert werden. Unterm Strich kann so eine beachtliche Steuerlast zusammenkommen.

Steuerprogression bei hohen Rentenzahlungen

Besonders betroffen von der Besteuerung der Renten sind all diejenigen, die einen sehr hohen Berufsunfähigkeitsschutz versichern. Bekäme der ledige Schreiner in obigem Beispiel aus privater Berufsunfähigkeitsversicherung und gesetzlicher Erwerbsminderungsrente zusammen monatlich 4 000 Euro, also eine Jahresrente von 48 000 Euro, so wären allein für dieses Einkommen rund 5 200 Euro Steuern zu zahlen. Alle weiteren

Einkünfte würden die Steuerlast ganz erheblich erhöhen, da der Grundfreibetrag ja bereits verbraucht ist.

In Zukunft vermutlich höhere Besteuerung von Berufsunfähigkeitsrenten

Für die Zukunft sollten Sie im Auge behalten, dass das Bundesverfassungsgericht eine Angleichung der Besteuerung von Renten und Pensionen verlangt hat. Experten gehen daher davon aus, dass die Besteuerung nach Ertragsanteilen verschärft wird. Wer heute eine Berufsunfähigkeitsversicherung abschließt, sollte also wissen, dass er davon in Zukunft vermutlich mehr Steuern zahlen muss als gegenwärtig.

Nachgelagerte Besteuerung: Völlig anders besteuert werden heute schon Berufsunfähigkeitsrenten, die aus Vorsorgeverträgen im Rahmen der Riester-Rente oder aus der betrieblichen Entgeltumwandlung stammen. Solche Renten werden voll nachgelagert besteuert. Das heißt: Weil die Einzahlungen steuerfrei waren, müssen die späteren Auszahlungen vollständig der Steuer unterworfen werden.

Klare Vorteile haben, steuerlich betrachtet, die Rentenleistungen aus einer pauschalierten Direktversicherung. Hier wurde schon bei der Einzahlung die Pauschalsteuer von 20 Prozent plus Solidaritätszuschlag bezahlt. Die Auszahlungen werden – soweit sie als Rente ausgezahlt werden – nur mit dem Ertragsanteil versteuert.

Rentenbesteuerung im Überblick

- Die Einkünfte aus **gesetzlicher Erwerbsminderungsrente** und **privater Berufs- oder Erwerbsunfähigkeitsrente** werden steuerlich gleich behandelt. Beide werden nach dem Ertragsanteil besteuert.
- Steuerfrei bleiben hingegen die Zahlungen aus der **gesetzlichen Unfallrente** sowie der **gesetzlichen Pflegeversicherung.**
- Voll steuerpflichtig sind alle zusätzlichen Einkünfte aus **Miet- und Kapitaleinnahmen** sowie **Nebenjobs.**
- Voll steuerpflichtig sind Renten aus **Verträgen mit Riester-Förderung** sowie **betrieblichen Altersvorsorgeverträgen** im Wege der **Entgeltumwandlung.**
- Nur mit dem Ertragsanteil versteuert werden Rentenzahlungen aus einer **pauschalierten Direktversicherung.**

Sonderausgabenabzug bei Versicherungsbeiträgen: Die steuerlichen Wirkungen von Berufsunfähigkeitsversicherungen sollten aber nicht allein in der Auszahlungsphase beachtet werden. Wer Beiträge einzahlt, kann diese möglicherweise als Sonderausgaben von der Steuer absetzen. Für Arbeitnehmer ist dies in der Regel aber ohne Belang, da sie durch ihre Beiträge in die gesetzliche Sozialversicherung die abzugsfähigen Grenzen bereits überschritten haben. Anders bei Selbständigen: Haben sie – zum Beispiel durch Wahl eines Tarifs mit sehr hohem Selbstbehalt – eine preiswerte private Krankenversicherung, bleibt möglicherweise noch Luft für zusätzliche Sonderausgaben. Somit können die Beiträge für eine Berufsunfähigkeitsversicherung steuerlich abgesetzt werden.

Sonderausgabenabzug für Selbständige interessant

Aus steuerlichen Gründen könnte sich für Selbständige sogar eine Kapitallebensversicherung lohnen. Diese wäre dann sowohl bei der Ein- als auch bei der Auszahlung steuerbegünstigt. Bei der Kapitallebensversicherung ist es allerdings fraglich, ob sie auch weiterhin in bisherigem Umfang steuerbegünstigt bleibt. Bislang bleiben alle Auszahlungen schon nach einer Laufzeit von zwölf Jahren steuerfrei. Doch diese vergleichsweise kurze Frist taugt immer weniger, um die Steuerfreiheit mit dem Hinweis auf die Rolle der Lebensversicherung für die Altersvorsorge zu rechtfertigen.

Möglicherweise wird die Zwölfjahresfrist deshalb – vor allem in Zeiten knapper Kassen – schon bald abgeschafft, und es bleiben nur jene Verträge steuerfrei, die auf ein Endalter von 60 oder 65 Jahren zielen. Dies hätte dann auch Auswirkungen auf die steuerlich abzugsfähigen Sonderausgaben. Steuerbegünstigt blieben dann auch nur noch Beiträge für solche Verträge, die tatsächlich bis zum Rentenalter laufen.

Alternativen zur Berufsunfähigkeits-versicherung

Alle nachfolgend aufgeführten „Alternativen" sind im Normalfall nur zweitbeste Lösungen. Nichts kann eine Berufsunfähigkeitsversicherung mit guten Bedingungen ersetzen. Es gibt jedoch zahlreiche Berufsgruppen, die eine Berufsunfähigkeitsversicherung entweder nur schwer, nur zu einem unvertretbar hohen Preis oder gar nicht abschließen können: Schwerarbeiter wie Dachdecker, Risikoberufe wie Busfahrer oder Fahrzeugreiniger, Künstler wie Musiker oder Schauspieler. Vor allem für diese Personengruppen sind die nachfolgenden Anmerkungen gedacht.

Erwerbsunfähigkeitsversicherung

Erwerbsunfähigkeitsversicherung – das klingt ganz ähnlich wie Berufsunfähigkeitsversicherung. Häufig werden auch die beiden Begriffe verwechselt. Es handelt sich in der Tat um ein verwandtes Produkt, doch der Versicherungsschutz einer Erwerbsunfähigkeitspolice ist weitaus schlechter als der einer Berufsunfähigkeitsversicherung.

Mit einer Berufsunfähigkeitspolice sichern Sie Ihren zuletzt ausgeübten Beruf finanziell ab und bekommen im Versicherungsfall in der Regel eine Rente gezahlt, auch wenn Sie noch eine andere Tätigkeit ausüben könnten. Demgegenüber zahlt eine Erwerbsunfähigkeitsversicherung erst dann, wenn Sie so krank sind, dass Sie überhaupt nicht mehr arbeiten können. Und während Sie eine Berufsunfähigkeitsrente in der Regel schon ab einer Einschränkung von 50 Prozent erhalten, liegen die Anforderungen für eine Rente wegen Erwerbsunfähigkeit weitaus höher. Je nach Versicherungsbedingungen dürfen Sie maximal nur noch eine so genannte Restarbeitsfähigkeit von ein bis zwei Stunden pro Tag haben. Sie müssen also ganz erheblich behindert oder erkrankt sein, um diese Rente zu bekommen.

›› Lohnt meist nicht

Versicherungsberater Hans-Hermann Lüschen urteilt: „Eine Erwerbsunfähigkeitsversicherung bringt meist wenig und ist so gesehen viel zu teuer. Die Bedingungen sind in der Regel so schlecht, dass man gut darauf verzichten kann. Wer dennoch abschließt, weil er überhaupt keine Berufsunfähigkeitsversicherung bekommt, sollte wenigstens darauf achten, dass aus einer Zahlung der gesetzlichen Erwerbsminderungsrente automatisch die Zahlungspflicht für die private Erwerbsunfähigkeitsrente folgt."

Gemessen an diesem eher dürftigen Schutz ist eine Erwerbsunfähigkeitsversicherung erstaunlich teuer. Genau wie die Berufsunfähigkeitsversicherung wird sie in der Regel in Kombination mit einer Risikolebensversicherung angeboten. Finanz-

Erwerbsunfähigkeitsversicherung meist in Kombination mit Risikolebensversicherung

Hoher Preis für wenig Schutz

test (09/2002) ermittelte für eine 30-jährige Kauffrau – für die Versicherung also ein sehr geringes Risiko – eine Jahresprämie zwischen 220 und 440 Euro für eine versicherte Monatsrente von 1 000 Euro und 50 000 Euro Todesfallschutz. Für einen 30-jährigen Busfahrer kostete der gleiche Versicherungsschutz aber schon 270 bis 670 Euro Jahresprämie. Deutlich wird, dass die Kauffrau zu einem ähnlichen oder nur geringfügig höheren Preis den für sie erheblich wertvolleren Berufsunfähigkeitsschutz bekommen würde. Dem Busfahrer hingegen wird durch das Angebot einer Erwerbsunfähigkeitspolice immerhin ein bezahlbarer Versicherungsschutz ermöglicht. Ein Schutz bei Berufsunfähigkeit würde ihn vermutlich das Drei- bis Vierfache kosten.

Die Erwerbsunfähigkeitsversicherung ist also, gemessen am Versicherungsschutz, ein relativ teures Produkt, ermöglicht allerdings vielen „Problemberufen" eher eine Absicherung. Auch für Personen mit Vorerkrankungen könnte sie eine Alternative sein.

Dread-Disease-Versicherung

Seit etwa zehn Jahren gibt es auch bei uns die aus dem angelsächsischen Raum stammende Dread-Disease-Versicherung, wörtlich übersetzt eine Versicherung gegen „furchtbares Leiden". Sie zahlt, wenn eine bestimmte schwere Erkrankung zum Ausbruch gekommen ist, unabhängig von Berufs- oder Erwerbsunfähigkeit. Beispielsweise bei Multipler Sklerose oder wenn der Versicherte einen Schlaganfall erleidet.

Als Vorteil gegenüber der Berufsunfähigkeitsrente wird gern herausgestellt, dass Fragen der Zumutbarkeit und Verweisung hier keine Rolle spielen. Ob der Versicherte tatsächlich noch weiter arbeitet, ist ohne Belang. Es zählt allein der Eintritt der Erkrankung. Somit – so wird argumentiert – bleibe für Ermessens- und Streitfragen weniger Raum als bei der Berufsunfähigkeitsversicherung. Außerdem wird bei der Dread-Disease-Versicherung in der Regel keine Monatsrente, sondern sofort die komplette Versicherungssumme ausgezahlt.

In der Regel als Kombinationsprodukt angeboten

Rund zehn Versicherer bieten auf dem deutschen Markt eine Dread-Disease-Police an, in der Regel als Zusatz zu einer Lebensversicherung. Versichert sind als Standardangebot die folgenden Erkrankungen: Schlaganfall, Krebs, Herzinfarkt, Multiple Sklerose,

Nierenversagen und Bypass-Operationen. Andere Versicherungen haben den Schutz erweitert um Alzheimer, HIV-Infektion, Parkinson, benigner Hirntumor, Operation an der Aorta, schwere Verbrennungen, vollständiger und irreversibler Sprachverlust, Blindheit, Verlust von mehreren Gliedmaßen, Lähmung, Koma.

Eine Dread-Disease-Police ist nicht gerade billig. Ein 35-jähriger Mann zahlt für eine versicherte Summe von 50 000 Euro leicht eine Jahresprämie von 500 Euro, also nicht weniger als bei einer preiswerten Berufsunfähigkeitsversicherung, die aber einen wesentlich umfassenderen Schutz bietet.

Häufige Ursachen für Berufsunfähigkeit nicht versichert

Gerade bei häufigen Krankheitsbildern wie psychischen Leiden, Rheuma oder schweren Erkrankungen des Bewegungsapparats steht ein Versicherter mit Dread-Disease-Police ohne Leistung da. Außerdem sind 50 000 Euro im Ernstfall schnell aufgebraucht. Eine monatliche Rentenzahlung bis zum 65. Lebensjahr – wie sie die Berufsunfähigkeitsversicherung vorsieht – bietet in der Regel eine höhere Sicherheit. Ein Plus gegenüber der Berufsunfähigkeitsversicherung ist allerdings das relativ problemlose Anerkennungsverfahren. Doch hier kann die Wahl einer Berufsunfähigkeitspolice mit guten Bedingungen helfen.

Ein enormes Risiko sind Angebote, die gegen Prämienreduktion nur sechs der oben genannten schweren Erkrankungen versichern. Der Kunde muss dann bei Vertragsschluss aus dem großen Kanon der schweren Krankheiten sechs Risiken ankreuzen. Das macht den Invaliditätsschutz dann vollends zu einer Art Lottospiel – allerdings ohne Hauptgewinn und mit

» Lotto ohne Hauptgewinn

Das Konzept der Dread-Disease-Versicherung klingt zunächst bestechend: Kein Stress mit der Anerkennung, allein der Eintritt der Krankheit reicht – selbst wenn Sie noch weiter arbeiten, gibt es Geld.

Doch so bedrohlich Krankheiten wie Multiple Sklerose, HIV, Parkinson oder Erblindung für den Einzelnen sind – die Wahrscheinlichkeit, dass Sie daran erkranken, ist gering. Andererseits bleiben sehr häufige Ursachen für Berufsunfähigkeit unversichert, zum Beispiel psychische Leiden – mittlerweile die Hauptursache bei Frauen und jungen Angestellten – Abnutzungen von Gelenken und Wirbelsäule oder Rheuma. Erkranken Sie daran, gibt es kein Geld.

Versicherungsberater Rüdiger Falken urteilt: „Ich warne vor einer Dread-Disease-Police. Die häufigsten Erkrankungen sind schlicht nicht versichert. Ganz gefährlich sind die Verträge, bei denen Sie sich am Anfang einige wenige Erkrankungen herauspicken müssen. Da bleiben Sie am Ende auch mit einem schweren Krebsleiden oder nach einem Schlaganfall ohne Geld, wenn Sie das nicht angekreuzt hatten. Das ist wie Lottospielen ohne Hauptgewinn."

dem enormen Risiko, dass er am Ende die „falsche" schwere Krankheit bekommt und dann doch ohne Geld dasteht. Auch für Vorerkrankte stellt die Dread-Disease-Police keine Alternative dar. Hier wird der Antrag mindestens so genau geprüft wie bei einer Berufsunfähigkeitsversicherung.

Fazit: Eine Dread-Disease-Versicherung ermöglicht zwar im Krankheitsfall einen sauberen Nachweis ohne Expertenstreit, lässt aber schlicht zu viele Versicherungslücken. Ganz gefährlich sind Policen, bei denen sich der Versicherte einige schwere Krankheiten auswählen kann. Erwägenswert ist eine Dread-Disease-Police allenfalls für Berufe, die keine klassische Berufsunfähigkeitsversicherung bekommen.

Grundfähigkeiten-versicherung

Auch die so genannte Grundfähigkeitenversicherung – derzeit in Deutschland nur angeboten von der Canada Life – stellt keine wirkliche Alternative zur Berufsunfähigkeitsversicherung dar. Ähnlich wie bei der Dread-Disease-Versicherung ist die Gefahr groß, dass der Versicherte im Ernstfall durch das grobe Raster rutscht und ohne Geld dasteht.

Diese Police knüpft weder an den Verlust der Arbeitskraft noch an das Eintreten einer bestimmten Krankheit an, entscheidend ist der Verlust einer oder mehrerer Grundfähigkeiten. Eine Rente bekommt, wer voraussichtlich mindestens ein Jahr lang nicht mehr in der Lage ist, eine so genannte Kardinalfähigkeit aus Kategorie A – sehen, sprechen oder Hände gebrauchen – auszuüben. Alternativ gibt es die Rente, wenn drei Fähigkeiten aus Kategorie B wegfallen: hören, gehen, Treppen steigen, knien, sitzen, stehen, greifen, Arme bewegen, heben und tragen, Auto fahren.

Trotz schwerer Erkrankung keine Rente

Die Schwächen sind offenkundig: Auch geschwächte Krebs- oder HIV-Patienten würden keine Renten bekommen, auch psychische Erkrankungen, mittlerweile einer der Hauptgründe für Berufsunfähigkeit, führen nicht zur Rente, solange sie nicht mit dem Verlust von Grundfähigkeiten einhergehen.

Dabei ist die Versicherung keineswegs preiswert. Will eine 30-jährige kaufmännische Angestellte eine monatliche Rente von 1 000 Euro versichern, zahlt sie – als Nichtraucherin – bereits über 500 Euro jährlich. Eine ebenfalls 30-jährige Töpferin oder Pflanzenzüchterin müsste hierfür im Rauchertarif über 700 Euro hinblättern.

» Zu wenig Schutz

Versicherungsberater Rüdiger Falken meint: „Die Grundfähigkeitenpolice bietet im Verhältnis zum Beitrag zu wenig Schutz. Außerdem gibt es bei diesem Produkt extrem harte Annahmerichtlinien. Es richtet sich also nur an Gesunde. Und gerade die sind mit einer Berufsunfähigkeitsversicherung in der Regel besser bedient."

Vorteile des Grundfähigkeitenkonzepts sind, dass die Rente auch gezahlt wird, wenn der Erkrankte noch arbeiten könnte oder tatsächlich noch arbeitet. Da die Versicherung anders als die Berufsunfähigkeitsrente nicht auf den Ersatz des beruflichen Einkommens zielt, können auch höhere Renten versichert werden. Die derzeitige Höchstgrenze beträgt 120 000 Euro pro Jahr.

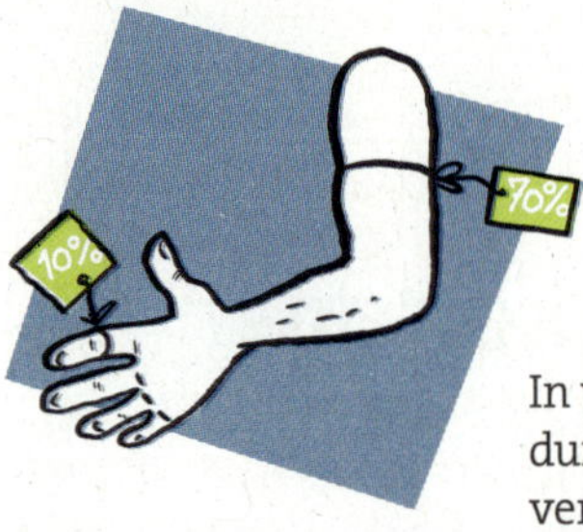

Unfallversicherung

In weniger als 10 Prozent aller Fälle wird die Berufsunfähigkeit durch einen Unfall verursacht. Dies bedeutet, dass eine Unfallversicherung Sie nur höchst unzureichend gegen den Verlust Ihrer Arbeitskraft absichert. Wenn Sie jedoch bereits eine gute Berufsunfähigkeitsversicherung haben, brauchen Sie in der Regel auch keine zusätzliche Unfallversicherung. Bei Unfällen, die zur Berufsunfähigkeit führen, erhalten Sie eine Rente.

Dennoch kann es im Einzelfall gute Gründe für den Abschluss einer Unfallversicherung geben. Es gibt Personen mit erheblichen Vorerkrankungen und/oder Risikoberufen, die normalerweise von keiner Berufsunfähigkeitsversicherung aufgenommen werden. Eine Unfallversicherung können sie jedoch in der Regel noch problemlos abschließen. Damit haben Versicherte zumindest einen eingeschränkten Invaliditätsschutz. Auch Hausfrauen und Hausmänner sollten den Abschluss einer Unfallversicherung zumindest prüfen, denn sie bekommen nur schwer einen vernünftigen Berufsunfähigkeitsschutz (→ Seite 23). Und im Haushalt passieren besonders viele Unfälle.

Eine Unfallversicherung zahlt allerdings nur, wenn nach einem Unfall ein dauerhafter körperlicher Schaden zurückbleibt. Die Versicherungsleistung hängt dann vom Grad der Invalidität und vom abgeschlossenen Tarif ab. Der Invaliditätsgrad ist in der so genannten Gliedertaxe festgelegt: Der Verlust eines Zeigefingers wird beispielsweise mit 10 Prozent, der Verlust eines Armes (im Schultergelenk) mit 70 Prozent veranschlagt.

Progressive und lineare Tarife im Angebot

Wie viel Geld die Unfallversicherung im Einzelfall auszahlt, hängt wesentlich davon ab, ob Sie einen linearen oder progressiven Tarif wählen. Verbraucherschützer empfehlen, hier einen Tarif mit einer Progression von 225 Prozent zu wählen. In diesem Fall gibt es ab einem Invaliditätsgrad von 26 Prozent überproportional viel Rente. Der Vorteil: Bei kleinen Schäden erhalten Sie zwar relativ wenig Geld, aber wenn es Sie richtig erwischen sollte, bekommen Sie auch besonders viel ausgezahlt. Das ist sinnvoll, denn voraussichtlich müssen Sie nur bei erheblichen Behinderungen Ihr Leben neu organisieren und erhebliche Kosten aufwenden. Allerdings sollten Sie darauf achten, dass Sie auch bei geringeren Invaliditätsgraden, also 15 oder 20 Prozent, eine immerhin nennenswerte Summe erhalten, zum Beispiel 10 000 Euro, damit Sie zum Beispiel den behindertengerechten Umbau Ihres Autos finanzieren können.

Versicherung und Geldanlage trennen

Wenig sinnvoll erscheint dagegen die Variante Unfallversicherung mit Beitragsrückgewähr. Hier wird damit geworben, dass Sie am Ende der Laufzeit die eingezahlten Beiträge zurückerstattet bekommen. Dies ist eine unsinnige Verknüpfung der Versicherung mit einem Sparvorgang. Es muss Ihr Ziel sein, sich optimal gegen ein Risiko abzusichern und dafür möglichst wenig Prämie zu zahlen.

Sie bekommen eine preiswerte Unfallversicherung – für eine Versicherungssumme von 50 000 Euro – schon für rund 50 Euro Jahresprämie. Die zahlt bei einem Invaliditätsgrad von 60 Prozent eine Summe von 100 000 bis 150 000 Euro aus. Bei 100-prozentiger Invalidiät sind es häufig rund 250 000 Euro. Bei Unfallversicherungen sind Preisvergleiche dringend anzuraten. Denn bei sehr teuren Anbietern zahlen Sie für den gleichen Schutz 200 bis 300 Euro Jahresprämie.

›› Durch den Rost gefallen

Frank Braun vom Bund der Versicherten plädiert nachdrücklich für die Berufsunfähigkeitsversichung: „Die so genannten Alternativen sind eigentlich keine wirklichen Alternativen. Die Unfallversicherung nutzt zum Berufsunfähigkeitsschutz wenig, die Erwerbsunfähigkeitsversicherung zahlt praktisch erst, wenn man halb tot ist, und bei Grundfähigkeiten- und Dread-Disease-Policen kann man viel zu leicht durch den Rost fallen. Was ist denn, wenn Sie eine kaputte Wirbelsäule haben? Oder wenn Sie das ‚falsche' Krebsleiden haben, das gerade nicht versichert ist? Gerade gegen das Risiko Berufsunfähigkeit sollten Sie so umfassend wie irgend möglich abgesichert sein."

Fazit: Dread-Disease- und Grundfähigkeitenversicherungen sind interessante Konzepte und überzeugen vor allem durch die problemlose Feststellung des Versicherungsfalls. Eine Alternative zur Berufsunfähigkeitsversicherung sind sie jedoch nicht. Sehr viele Erkrankungen, die heute zur Berufsunfähigkeit führen, wären mit diesen beiden Versicherungstypen nicht versichert.

Erwerbsunfähigkeitsversicherung als mögliche Alternative für Berufsunfähigkeitspolice

Wer keine Berufsunfähigkeitsversicherung bekommt oder nur zu einem unvertretbar hohen Preis als Kunde akzeptiert wird, für den könnte die Erwerbsunfähigkeitsversicherung eine Alternative sein. Sie zahlt allerdings erst, wenn der Versicherte so krank ist, dass er in keinem Beruf mehr arbeiten kann. Das ist deutlich schlechter als ein Berufsunfähigkeitsschutz, aber immer noch besser als gar keine Absicherung und umfassender als eine Unfallversicherung. Eine Erwerbsunfähigkeitspolice könnte auch ein letzter Rettungsanker für alle diejenigen sein, die wegen Vorerkrankungen keine andere Versicherung bekommen.

Versicherungsberatung – Unabhängigkeit zählt

Verbraucherzentralen: Sollten Sie nach der Lektüre dieses Ratgebers weitere Beratung benötigen, bekommen Sie diese entweder telefonisch oder persönlich bei der Versicherungsberatung der Verbraucherzentralen. Die nächste Beratungsstelle finden Sie im Telefonbuch, über die Verbraucherzentrale in Ihrem Bundesland (Adressen → Seiten 141/142) oder per Mausklick im Internet unter www.verbraucherzentrale.com. Dort gelangen Sie schnell auf eine Karte Ihres Bundeslands, auf der alle Beratungsstellen markiert sind.

Persönliche und telefonische Versicherungsberatung

Für eine ausführliche und qualifizierte Versicherungsberatung müssen Sie derzeit 28,60 Euro als Entgelt für eine halbe Stunde Fachberatung einplanen. Eine telefonische Versicherungsberatung erhalten Sie zum Beispiel bei der Verbraucher-Zentrale NRW unter 0 190 8/9 79 67 für 1,86 Euro/Minute – und zwar dienstags von 14 bis 17 Uhr und donnerstags von 10 bis 13 Uhr.

Per Faxabruf 0 190 5/1 00 10 86 47 der STIFTUNG WARENTEST erhalten Sie eine Übersicht über Kosten und Art der Beratung aller 16 Verbraucherzentralen, die persönlich oder telefonisch in Versicherungsfragen helfen.

Bund der Versicherten: Fachkundige Beratung in Versicherungsfragen leistet auch der Bund der Versicherten e. V. (BdV) (Adresse → Seite 140). Hier muss allerdings ein Jahresbeitrag von 40 Euro (pro Familie) gezahlt werden. Dafür erhalten Mitglieder auch Rechtsberatung und Hilfestellungen in gerichtlichen Verfahren und profitieren von günstigen Gruppenversicherungen. Bei Berufsunfähigkeitsversicherungen kooperiert der BdV mit den Gesellschaften Mamax und Hannoversche Leben.

Versicherungs- und Rentenberater: Unabhängige Beratung gibt es auch bei den im Bundesverband Deutscher Rechtsbeistände oder dem Bundesverband der Versicherungsberater (Adressen → Seite 140) zusammengeschlossenen Versicherungs- und Rentenberatern. Diese beraten Kunden gegen Honorar und dürfen keine Versicherungen vermitteln. Da ein Versicherungs- oder Rentenberater anders als ein Versicherungsvertreter oder Makler nicht von der Provision lebt, kann er tatsächlich unabhängig beraten. Das hat jedoch seinen Preis: Pro Stunde müssen Sie mit 100 bis 150 Euro rechnen. Da die Berater hier unterschiedlich verfahren – manche rechnen strikt nach halben oder vollen Stunden ab, andere verlangen eine Pauschale pro Beratung –, sollten Sie das Honorar vorher abklären, damit Sie am Ende keine teure Überraschung erleben.

Versicherungsmakler: Für den Kunden kostenlos werden hingegen Versicherungsmakler tätig. Das gilt aber nur sehr vordergründig, da der Makler ähnlich wie der Versicherungsvertreter von der Provision lebt, die am Ende natürlich doch der Kunde zahlt.

Makler arbeiten mit vielen Versicherungsgesellschaften zusammen, suchen – hoffentlich – die für den Kunden optimale Versicherung aus und vermitteln diese dann auch. Selbstverständlich liegt es nahe, dass der Makler besonders gern jene Produkte vermittelt, für die er die höchste Provision erhält.

Ansprüche bei Falschberatung des Maklers

Streng genommen schließen Sie als Kunde einen Beratungs- und Vermittlungsvertrag mit dem Makler. Das eröffnet Ihnen im Fall einer schlechten oder sogar falschen Beratung einen direkten Anspruch gegen den Makler. Er haftet, wenn er bei der Beratung Fehler macht. Wenn ein Makler Ihnen einen Vertrag vermittelt, der offenkundig an Ihren Bedürfnissen vorbeigeht, ist er schadenersatzpflichtig. Leider wissen das die wenigsten Kunden und gehen so gut wie nie gegen Makler vor, die falsch beraten haben.

Versicherungsvertreter: Anders sieht die Rechtslage beim klassischen Versicherungsvertreter aus. Ganz gleich, ob es sich dabei um einen Mehrfachagenten oder um einen Einfirmenvertreter handelt, über den noch immer die meisten Versicherungsverträge abgeschlossen werden: Ein solcher Vertreter berät und handelt eindeutig nicht im Auftrag des Kunden, sondern im Auftrag der Versicherung. Diese bezahlt ihn entweder durch ein Grundgehalt plus Provision oder allein durch Provisionszahlungen. Damit ist die Interessenlage klar.

Als Kunde schließen Sie nur einen Vertrag mit der Versicherung und nicht mit dem Vertreter. Damit müssen Sie sich bei Beschwerden auch allein an die Versicherung wenden, während Sie sich im Unterschied hierzu bei einem über den Makler abgeschlossenen Vertrag auch direkt an Ihren Makler halten können. Dies führt dazu, dass ein Versicherungsvertreter Ihnen

Schwierige Beweislage

Eigentlich haftet die Versicherung für all das, was ein Vertreter Ihnen zusichert. Das hat der Bundesgerichtshof bereits am 11. November 1987 in seiner berühmten „Auge-und-Ohr-Entscheidung“ klargestellt und später mehrfach bekräftigt:

„Bei der Entgegennahme eines Antrages auf Abschluss eines Versicherungsvertrages steht dem Antragssteller der empfangsbevollmächtigte Vermittlungsagent als das Auge und Ohr des Versicherers gegenüber. Was ihm mit Bezug auf die Antragsstellung gesagt und vorgelegt wird, ist dem Versicherer gesagt und vorgelegt worden.“

Das Problem ist allerdings die schwierige Beweislage. Der Vertreter wird, wenn es später zum Streit kommt, vermutlich alles abstreiten. Deshalb rät Versicherungsberater Rüdiger Falken: „Versuchen Sie, möglichst einen Zeugen beim Gespräch dabeizuhaben. Noch besser: Lassen Sie sich möglichst alle Zusagen schriftlich geben!“

praktisch alles Mögliche erzählen kann und hierfür persönlich so gut wie nie haften muss. Andererseits haftet im Gegenzug jede Versicherung für alles, was der Vertreter dem Kunden zusagt. Doch die Zusagen des Vertreters lassen sich später vor Gericht meist nur schwer beweisen.

Qualifikation für Versicherungsvermittlung nicht vorgeschrieben

Derzeit darf – unabhängig von der Qualifikation – jeder in Deutschland Versicherungen vermitteln. Neben gelernten Versicherungskaufleuten tummeln sich so auch jede Menge in Schnellkursen angelernte Vermittler, die die Produkte, die sie an den Mann oder die Frau bringen, vielfach gar nicht kennen. Die Beratungsqualität der Vertreter ist aus Sicht der Verbraucherzentralen vielfach erschreckend.

Strukturvertriebe: Besonders problematisch sieht es bei den so genannten Strukturvertrieben aus. Solche Organisationen werben, oft getarnt unter dem Titel einer „objektiven" Finanz- und Versicherungsberatung, zunächst mit einer „kostenlosen" Analyse Ihrer Finanzlage und Ihres Versicherungsstatus. Es folgen dann schnell Vorschläge, wie Sie Ihre alten Versicherungen und Geldanlagen kündigen und durch neue Verträge aus dem Angebot des Strukturvertriebs ersetzen sollten. Dabei werden die Kunden durch den Vertreter nicht selten massiv zum Abschluss gedrängt.

Vertrieb von überteuerten und riskanten Geldanlageprodukten

Die Gefahr liegt vor allem darin, dass Kunden ihr Geld für in der Regel überteuerte und möglicherweise nicht bedarfsgerechte Finanzprodukte ausgeben. Der „Finanzberater" kennt nach der Eingangsanalyse den finanziellen Spielraum seines Gegenübers genau und schöpft diesen häufig gnadenlos aus. Bereits kleinste Engpässe können den auf diese Weise finanziell weitgehend ausgequetschten Kunden dann in arge Bedrängnis bringen.
Als Strukturvertriebe gelten Organisationen wie Deutsche Vermögensberatung, OVB, AWD, HMI oder Zeus.

Anhang

Tabellen

Prozesse um Berufsunfähigkeitsrenten

Die folgende Tabelle zeigt, in welchem Maß die Versicherten in der Vergangenheit Gerichte bemüht haben, um eine Berufsunfähigkeitsrente durchzusetzen. Sie ist also ein Indikator für Kundenzufriedenheit. Es wurden ausschließlich Prozesse berücksichtigt, die von Kunden gegen Versicherer angestrengt wurden.

In der Spalte „Prozesse" wird die durchschnittliche jährliche Anzahl der angestrengten Prozesse im Zeitraum 1990–2001 genannt. Es handelt sich hier um Durchschnittswerte. In der Spalte „erstmals gezahlte Renten" wird erfasst, wie viele Renten in diesem Zeitraum durchschnittlich pro Jahr erstmals gewährt wurden. In der Spalte „Quote" wird die Anzahl der durchschnittlichen Prozesse ins Verhältnis gesetzt zur durchschnittlichen Anzahl der neu gewährten Renten.

Die Tabelle zeigt – bei aller Vorsicht angesichts der sehr unterschiedlichen Größe der Versicherungsgesellschaften und der teilweise sehr geringen absoluten Zahlen an Prozessen und gezahlten Renten –, dass die Prozessquoten sich sehr stark unterscheiden. Während im Branchenschnitt nur 1,85 Prozent der Kunden vor Gericht ziehen, wird dieser „Zufriedenheitswert" nur von wenigen Gesellschaften unterboten, aber von den meisten Gesellschaften teilweise sehr deutlich übertroffen.

Gesellschaft	**Prozesse pro Jahr**	**erstmals gezahlte Renten pro Jahr**	**Quote**
Öffentliche Braunschweig	0,00	7	0,00 %
Öff. Berlin Brandenburg	0,00	3	0,00 %
Hamburg-Mannheimer	13,82	4656	0,30 %
R+V	16,75	4238	0,40 %
Allianz	39,67	6399	0,62 %
Deutscher Ring	2,33	298	0,78 %
Karlsruher Leben	4,50	523	0,86 %
Victoria	7,50	796	0,94 %
WWK	14,25	1068	1,33 %
Zürich Agrippina	12,25	766	1,60 %
Branchendurchschnitt			**1,85 %**
Basler	2,50	132	1,89 %
Iduna	25,75	1351	1,91 %
Gerling	14,67	682	2,15 %
DEVK a.G.	3,58	147	2,44 %
Schweizerische Renten	21,70	853	2,54 %
VGH	4,91	183	2,68 %
Debeka	12,67	469	2,70 %
AXA	30,00	1098	2,73 %
DBV-Winterthur	28,14	935	3,01 %
Hannoversche	4,92	162	3,04 %
Provinzial Nord	2,00	65	3,08 %
Volksfürsorge	44,08	1427	3,09 %

Prozesse um Berufsunfähigkeitsrenten Fortsetzung

Gesellschaft	Prozesse pro Jahr	erstmals gezahlte Renten pro Jahr	Quote
Württembergische	15,60	490	3,18 %
LV 1871	1,25	39	3,21 %
Alte Leipziger	17,33	515	3,37 %
Deutscher Herold	16,58	451	3,68 %
Aachener und Münchener	36,00	917	3,93 %
SV Baden-Württemberg	14,08	358	3,93 %
Stuttgarter	9,89	248	3,99 %
Mannheimer	6,00	149	4,03 %
Asstel	1,36	33	4,12 %
Saarland	2,08	43	4,84 %
Westfälische Provinzial	9,20	186	4,95 %
Neue Leben	0,25	5	5,00 %
Öffentliche Oldenburg	0,75	15	5,00 %
Provinzial Rheinland	16,27	320	5,08 %
Gothaer	18,25	350	5,21 %
Volkswohl Bund	10,75	200	5,38 %
Cosmos	9,00	157	5,73 %
LVM	10,00	166	6,02 %
HUK-Coburg	6,13	101	6,07 %
Generali Lloyd	16,29	228	7,14 %
Dialog	1,75	22	7,95 %
Süddeutsche	0,50	5	10,00 %
Rheinland	1,83	16	11,44 %
DEVK Allgemeine	1,75	12	14,58 %
Landeslebenshilfe	1,20	7	17,14 %

Quelle: map-report 532–533 (2002), www.map-report.com, alle Angaben ohne Gewähr

Preisvergleich von Raucher- und Nichtrauchertarifen – Preisvorteil für Nichtraucher

Voraussetzungen: Mann, kaufmännischer Angestellter, Eintrittsalter 30, Endalter 65, Versicherungsschutz 50 000 Euro, monatliche BU-Rente 1 000 Euro, monatliche Zahlweise, Überschusssystem optimiert

Gesellschaft	BUZ-Tarifvariante	Nichtraucher Brutto*	Nichtraucher Netto*	Raucher Brutto*	Raucher Netto*
mamax	Standard BUZ	70,81	32,05	85,05	37,49
Europa	Normal BUZ	83,67	36,81	102,75	45,21
HUK	Premium BUZ	97,41	49,12	119,96	59,50
Ontos	Standard BUZ	88,65	49,59	88,65	53,19
Europa	TOP-BUZ	99,71	52,85	119,06	61,52
Asstel	Standard BUZ	103,40	54,40	123,20	62,60
Continentale	Standard BUZ	110,04	56,47	136,99	70,91
Neue BBV	Basis-BUZ	89,24	57,97	111,56	69,39
Condor	Compact BUZ	96,20	60,30	118,70	75,80
Neue BBV	Super-BUZ	102,46	63,22	125,05	74,76
Condor	Comfort BUZ	102,30	63,90	124,90	79,50
WWK	Standard BUZ	93,00	66,52	115,00	76,95
Bay. Beamten	Basis-BUZ	95,40	67,87	119,93	82,82
Zürich	Bedingungen BG 1-3	100,48	70,76	100,48	77,62
Bay. Beamten	Super-BUZ	110,24	74,72	135,09	89,81
Gerling	Standard BUZ	116,63	79,27	139,62	93,24

* Prämie in Euro/Monat. Sortiert nach der Nettoprämie des Nichtrauchers.

Raucher gelten für die Versicherer als höheres Risiko und müssen oft zwischen 10 und 20 Prozent mehr zahlen als Nichtraucher.

Quelle: Morgen & Morgen GmbH, Stand: Mai 2003

Berufsunfähigkeitsschutz für Hausfrauen und Hausmänner

Gesellschaft [2]	Maximale Jahresrente (in Euro)	Versicherter Beruf	Gesellschaft [2]	Maximale Jahresrente (in Euro)	Versicherter Beruf
Aachener & Münchener	13 200	Hausfrau/-mann	mamax	12 000	Haus- und Familienpfleger
Allianz	12 000	Hausfrau/-mann	Neue BBV	12 000	Hausfrau/-mann
Alte Leipziger	18 000	Hausfrau/-mann	Nürnberger	12 000	Hausfrau/-mann
Aspecta	12 000	Hausfrau/-mann	Öffentliche Berlin Brandenburg [1]	12 000	Hausfrau/-mann
Axa	12 000	Hausfrau/-mann			
Basler	12 000	Hauswirtschafter/-in	Öffentliche Oldenburg [1]	12 000	Hausfrau/-mann
Bayern-Vers. [1]	12 000	Hausfrau/-mann			
BBV	12 000	Hausfrau/-mann	Plus	12 271	Hausfrau/-mann
Berlinische Leben	12 000	Hauswirtschafter/-in	Provinzial Rheinland [1]	12 000	Hausfrau/-mann
Condor	12 000	Hausfrau/-mann			
Deutsche Ärzte-Versicherung [1]	12 000	Hausfrau/-mann	R + V	12 000	Hausfrau/-mann
			Sparkassen-V. Sachsen [1]	12 000	Haushälter/-in
Europa [3]	12 271	Hausfrau/-mann			
Familienfürsorge	12 271	Hausfrau/-mann	Stuttgarter	12 000	Hausfrau/-mann
Generali Lloyd	12 000	Hausfrau/-mann	SV Baden-Württemberg [1]	12 000	Hausfrau/-mann
Gothaer	12 000	Hausfrau/-mann			
Gutingia	12 000	Hausfrau/-mann	universa	12 000	Hausfrau/-mann
Hamburger Leben	12 000	Hauswirtschafter/-in	Volksfürsorge	18 000	Hausfrau/-mann
HDI	12 000	Hausfrau/-mann	Westfälische Provinzial [1]	12 000	Hausfrau/-mann
Huk-Coburg	12 000	Hausfrau/-mann			
Inter	12 000	Hausfrau/-mann	WGV [3]	15 000	Hausfrau/-mann
Karlsruher	12 000	Hausfrau/-mann	WWK	12 000	Hauswirtschafter/-in
Karlsruher Hinterblieb.	12 000	Hausfrau/-mann	Zürich	12 000	Hausfrau/-mann
LVM	12 000	Hausfrau/-mann			

Quelle: Finanztest
Stand: Dezember 2002
[1] Angebot regional und/oder auf Personengruppen eingeschränkt.
[2] Alle Angebote verzichten auf die abstrakte Verweisung (→ Seite 35) und eine Erwerbsunfähigkeitsklausel.
[3] Direktversicherer

Adressen

Versicherungsberatung

Bundesverband Deutscher Rechtsbeistände e.V.

Rheinweg 24
53113 Bonn
Telefon: 02 28/92 39 91 20
Telefax: 02 28/92 39 91 26

Bundesverband Freier Sachverständiger e.V.

Goethestraße 11
40237 Düsseldorf
Telefon: 02 11/66 11 11
Telefax: 02 11/68 11 61
E-Mail: info@bvfs.de
www.bvfs.de

Bundesverband der Versicherungsberater e.V. (BVVB)

Hohenstaufenring 17
50674 Köln
Telefon: 0 180 5/25 75 89
Telefax: 02 21/9 21 17 37
E-Mail: mail@bvvb.de
www.bvvb.de,
www.versicherungsberatung.de

Bund der Versicherten e.V. (BdV)

Postfach 11 53
24547 Henstedt-Ulzburg
Telefon: 0 41 93/9 42 22
Telefax: 0 41 93/9 42 21
E-Mail: info@bundderversicherten.de
www.bundderversicherten.de

Verbraucher allgemein

Stiftung Warentest

Lützowplatz 11–13
10785 Berlin
Telefon: 0 30/26 31-0
Telefax: 0 30/26 31-27 27
www.stiftung-warentest.de

Verbraucherzentrale Bundesverband e.V. (vzbv)

Markgrafenstraße 66
10969 Berlin
Telefon: 0 30/2 58 00-0
Telefax: 0 30/2 58 00-2 18
E-Mail: info@vzbv.de
www.vzbv.de

Verbraucherzentralen

**Verbraucher-Zentrale
Baden-Württemberg e.V.**

Paulinenstraße 47
70178 Stuttgart
Telefon: 07 11/66 91 10
Telefax: 07 11/66 91 50
E-Mail: info@verbraucherzentrale-bawue.de
www.verbraucherzentrale-bawue.de

**Verbraucher-Zentrale
Bayern e.V.**

Mozartstraße 9
80336 München
Telefon: 0 89/53 98 70
Telefax: 0 89/53 75 53
E-Mail: info@verbraucherzentrale-bayern.de
www.verbraucherzentrale-bayern.de

**Verbraucher-Zentrale
Berlin e.V.**

Bayreuther Straße 40
10787 Berlin
Telefon: 0 30/21 48 50
Telefax: 0 30/2 11 72 01
E-Mail: mail@verbraucherzentrale-berlin.de
www.verbraucherzentrale-berlin.de

**Verbraucher-Zentrale
Brandenburg e.V.**

Templiner Straße 21
14473 Potsdam
Telefon: 03 31/29 87 10
Telefax: 03 31/2 98 71 77
E-Mail: info@vzb.de
www.vzb.de

**Verbraucher-Zentrale
des Landes Bremen e.V.**

Altenweg 4
28195 Bremen
Telefon: 04 21/16 07 77
Telefax: 04 21/1 60 77 80
E-Mail: info@verbraucherzentrale-bremen.de
www.verbraucherzentrale-bremen.de

**Verbraucher-Zentrale
Hamburg e.V.**

Kirchenallee 22
20099 Hamburg
Telefon: 0 40/2 48 32-0
Telefax: 0 40/2 48 32-2 90
E-Mail: info@vzhh.de
www.vzhh.de

**Verbraucher-Zentrale
Hessen e.V.**

Große Friedberger Straße 13–17
60313 Frankfurt am Main
Telefon: 0 69/9 72 01 00
Telefax: 0 69/97 20 10 50
E-Mail: vzh@verbraucher.de
www.verbraucherzentrale-hessen.de

**Verbraucher-Zentrale
Mecklenburg-Vorpommern e.V.**

Strandstraße 98
18055 Rostock
Telefon: 03 81/49 39 80
Telefax: 03 81/4 93 98 30
E-Mail: info@verbraucherzentrale-mv.de
www.verbraucherzentrale-mv.de

Verbraucher-Zentrale Niedersachsen e.V.

Herrenstraße 14
30159 Hannover
Telefon: 05 11/9 11 96 01
Telefax: 05 11/9 11 96 10
E-Mail: info@vzniedersachsen.de
www.vzniedersachsen.de

Verbraucher-Zentrale Nordrhein-Westfalen e.V.

Mintropstraße 27
40215 Düsseldorf
Telefon: 02 11/3 80 90
Telefax: 02 11/3 80 91 72
E-Mail: vz.nrw@vz-nrw.de
www.verbraucherzentrale-nrw.de

Verbraucher-Zentrale Rheinland-Pfalz e.V.

Ludwigstraße 6
55116 Mainz
Telefon: 0 61 31/2 84 80
Telefax: 0 61 31/28 48 66
E-Mail: verbraucherzentrale-rlp@verbraucherzentrale-rlp.de
www.verbraucherzentrale-rlp.de

Verbraucher-Zentrale des Saarlandes e.V.

Trierer Straße 22
66111 Saarbrücken
Telefon: 06 81/50 08 90
Telefax: 06 81/5 00 89 22
E-Mail: vz-saar@vz-saar.de
www.vz-saar.de

Verbraucher-Zentrale Sachsen e.V.

Bernhardstraße 7
04315 Leipzig
Telefon: 03 41/6 88 80 80
Telefax: 03 41/6 89 28 26
E-Mail: vzs@vzs.de
www.vzs.de

Verbraucher-Zentrale Sachsen-Anhalt e.V.

Steinbockgasse 1
06108 Halle
Telefon: 03 45/2 98 03 29
Telefax: 03 45/2 98 03 26
E-Mail: info@vzsa.de
www.vzsa.de

Verbraucher-Zentrale Schleswig-Holstein e.V.

Bergstraße 24
24103 Kiel
Telefon: 04 31/59 09 90
Telefax: 04 31/5 90 99 77
E-Mail: info@verbraucherzentrale-sh.de
www.verbraucherzentrale-sh.de

Verbraucher-Zentrale Thüringen e.V.

Eugen-Richter-Straße 44
99085 Erfurt
Telefon: 03 61/55 51 40
Telefax: 03 61/5 55 14 40
E-Mail: info@vzth.de
www.vzth.de

● Anbieter von Berufs- und Erwerbsunfähigkeitsversicherungen

(begrenzt auf ...)

Aachener und Münchener Lebensversicherung AG

Robert-Schuman-Straße 51
52066 Aachen
Telefon: 02 41/4 56-0
Telefax: 02 41/4 56-45 10
E-Mail: service@amv.de
www.aachenerundmuenchener.de

ADLER Lebensversicherung AG

20351 Hamburg
Telefon: 0 180 3/33 03 30
Telefax: 0 40/41 24-44 44
E-Mail: info@signal-iduna.de
www.signal-iduna.de

AIG Life (Ireland) Ltd.

Niederlassung Deutschland
Oberlindau 80
60323 Frankfurt

Allianz Lebensversicherungs-AG

Reinsburgstraße 19
70178 Stuttgart
Telefon: 07 11/6 63-0
Telefax: 07 11/6 63-15 35
E-Mail: info@allianz.de
www.allianz.de

Alte Leipziger Lebensversicherung a.G.

Alte Leipziger-Platz 1
61440 Oberursel
Telefon: 0 61 71/66-00
Telefax: 0 61 71/2 44 34
E-Mail: service@alte-leipziger.de
www.alte-leipziger.de

ARAG Lebensversicherungs-AG

Prinzregentenplatz 9
81675 München
Telefon: 0 89/41 24-01
Telefax: 0 89/41 24-25 25
E-Mail: service@arag.de
www.arag.de

ASPECTA Lebensversicherung AG

Schwarzer Weg 28
22309 Hamburg
Telefon: 0 40/6 32 07-01
Telefax: 0 40/6 32 07-2 03
E-Mail: info@aspecta.de
www.aspecta.de

ASSTEL Lebensversicherung AG

Wiener Platz 4
51175 Köln
Telefon: 02 21/96 77-6 77
Telefax: 02 21/96 77-1 00
E-Mail: info@asstel.de
www.asstel.de

AXA Lebensversicherung AG

Gereonstraße 43–65
50670 Köln
Telefon: 0 180 3/55 66 22
Telefax: 02 21/1 48-2 27 50
E-Mail: service@axa.de
www.axa.de

Barmenia Lebensversicherung a.G.

Kronprinzenallee 12–18
42094 Wuppertal
Telefon: 02 02/4 38-00
Telefax: 02 02/4 38-28 46
E-Mail: info@barmenia.de
www.barmenia.de

Basler Lebens-Versicherungs-Gesellschaft

Direktion für Deutschland
Basler Straße 4
61352 Bad Homburg von der Höhe
Telefon: 0 61 72/13-0
Telefax: 0 61 72/13-2 00
E-Mail: direktion-d@basler.de
www.basler.de

Bayern-Versicherung Lebensversicherung AG
(Bayern, ehem. Regierungsbezirk Pfalz des Landes Rheinland-Pfalz)

Deisenhofener Straße 63
81535 München
Telefon: 0 89/62 36-0
Telefax: 0 89/62 36-19 90
E-Mail: service@vkb.de
www.bayern-versicherung.de

BBV Bayerische Beamten Lebensversicherung a.G.

Thomas-Dehler-Straße 25
81737 München
Telefon: 0 89/67 87-0
Telefax: 0 89/67 87-91 50
E-Mail: info@bbv.de
www.bbv.de

Berlinische Lebensversicherung AG (Delta Lloyd)

Gustav-Stresemann-Ring 7–9
65189 Wiesbaden
Telefon: 0 180 2/02 82 02
Telefax: 06 11/7 73-26 64
E-Mail: info@deltalloyd.de
www.deltalloyd.de

BHW Lebensversicherung AG

Lubahnstraße 2
31789 Hameln
Telefon: 0 51 51/18-0
Telefax: 0 51 51/18-52 99
E-Mail: jmau@bhw.de
www.bhw.de

CiV Lebensversicherung AG

Neustraße 62
40721 Hilden
Telefon: 0 21 03/34-71 00
Telefax: 0 21 03/34-71 09
E-Mail: info@civ-versicherung.de
www.civ-versicherung.de

Concordia Lebensversicherungs-AG

Karl-Wiechert-Allee 55
30625 Hannover
Telefon: 05 11/57 01-0
Telefax: 05 11/57 01-19 88
E-Mail: versicherungsgruppe@concordia.de
www.concordia.de

Condor Lebensversicherungs-AG

Admiralitätstraße 67
20459 Hamburg
Telefon: 0 40/3 61 39-9 90
Telefax: 0 40/3 61 39-9 91
E-Mail: condor-kundenservice@condor-versicherungen.de
www.condor-versicherungen.de

Continentale Lebensversicherung a.G.

Beethovenstraße 6
80336 München
Telefon: 0 89/51 53-0
Telefax: 0 89/51 53-4 19
E-Mail: info@continentale.de
www.continentale.de

CosmosDirekt Lebensversicherungs-AG

Halbergstraße 52–54
66121 Saarbrücken
Telefon: 06 81/9 66-66 66
Telefax: 06 81/9 66-66 33
E-Mail: info@cosmosdirekt.de
www.cosmosdirekt.de

DBV-Winterthur Lebensversicherung AG

Frankfurter Straße 50
65178 Wiesbaden
Telefon: 06 11/3 63-0
Telefax: 06 11/3 63-65 65
E-Mail: info@dbv-winterthur.de
www.dbv-winterthur.de

Debeka Lebensversicherungsverein a.G.

56058 Koblenz
Telefon: 02 61/4 98-13 99
Telefax: 02 61/4 98-11 99
E-Mail: info@debeka.de
www.debeka.de

Deutsche Ärzteversicherung AG
(Angehörige der Heilberufe)

Siegburger Straße 215
50679 Köln
Telefon: 02 21/1 48-2 27 00
Telefax: 02 21/1 48-2 14 42
E-Mail: marketing@aerzteversicherung.de
www.aerzteversicherung.de

Deutsche Steuerberaterversicherung VVaG
(Steuerberater, Rechtsanwälte)

Poppelsdorfer Allee 24
53115 Bonn
Telefon: 02 28/9 82 13-0
Telefax: 02 28/9 82 13-11
E-Mail: dstbvers@t-online.de
www.dstbvers.de

Deutscher Herold Lebensversicherung AG

Poppelsdorfer Allee 25–33
53115 Bonn
Telefon: 02 28/2 68-01
Telefax: 02 28/2 68-39 52
www.herold.de

Deutscher Ring Lebensversicherungs-AG

Ludwig-Erhard-Straße 22
20459 Hamburg
Telefon: 0 40/35 99-77 11
Telefax: 0 40/35 99-36 36
E-Mail: service@deutscherring.de
www.deutscherring.de

DEVK Deutsche Eisenbahn Versicherung Lebensversicherungsverein a.G.
(Beschäftigte der DB und ÖPNV)

Riehler Straße 190
50735 Köln
Telefon: 02 21/7 57-7 57
Telefax: 02 21/7 57-22 00
E-Mail: info@devk.de
www.devk.de

DEVK Allg. Lebensversicherungs-AG

Riehler Straße 190
50735 Köln
Telefon: 02 21/7 57-7 57
Telefax: 02 21/7 57-22 00
E-Mail: info@devk.de
www.devk.de

Dialog Lebensversicherungs-AG

Halderstraße 29
86150 Augsburg
Telefon: 08 21/5 02 33-0
Telefax: 08 21/5 02 33-33
E-Mail: info@dialog-leben.de
www.dialog-leben.de

DIREKTE LEBEN Versicherung AG

Triftstraße 53
60528 Frankfurt
Telefon: 0 69/67 80 05-0
Telefax: 0 69/6 77 16 06
E-Mail: info@direkte-leben.de
www.direkte-leben.de

EUROPA Lebensversicherung AG

Piusstraße 137
50931 Köln
Telefon: 02 21/57 37-2 00
Telefax: 02 21/57 37-2 33
E-Mail: info@europa.de
www.europa.de

FAMILIENFÜRSORGE Lebensversicherung AG im Raum der Kirchen

Doktorweg 2–4
32756 Detmold
Telefon: 0 52 31/9 75-0
Telefax: 0 52 31/9 75-3 00
E-Mail: info@familienfuersorge.de
www.familienfuersorge.de

Gerling-Konzern Versicherungsgesellschaften

c/o Gerling Firmen- u. Privat-Service AG
Gereonshof
50670 Köln
Telefon: 02 21/1 44-1
Telefax: 02 21/1 44-33 19
E-Mail: onlineservice@gerling.de
www.gerling.de

Gothaer Lebensversicherung AG

Gothaer Platz 2–8
37083 Göttingen
Telefon: 05 51/7 01-0
Telefax: 05 51/7 01-7 01
E-Mail: info@gothaer.de
www.gothaer.de

Gutingia Lebensversicherung AG

Herzberger Landstraße 25
37085 Göttingen
Telefon: 05 51/99 76-0
Telefax: 05 51/99 76-7 35
E-Mail: contact@gutingia.de
www.gutingia.de

Hamburger Lebensversicherung AG (Delta Lloyd)

Wittelsbacher Straße 1
65189 Wiesbaden
Telefon: 0 180 2/20 28 20 22 01
Telefax: 06 11/9 77 39-29 23
E-Mail: info@hamburger-leben.de
www.hamburger-leben.de

Hamburg-Mannheimer Versicherungs-AG

22287 Hamburg
Telefon: 0 40/63 76-0
Telefax: 0 40/63 76-33 02
E-Mail: ksc@hamburg-mannheimer.de
www.hamburg-mannheimer.de

Hannoversche Lebensversicherung a.G.

Karl-Wiechert-Allee 10
30622 Hannover
Telefon: 05 11/95 65-0
Telefax: 05 11/95 65-6 66
E-Mail: service@hannoversche-leben.de
www.hannoversche-leben.de

HanseMerkur Lebensversicherung AG

Siegfried-Wedells-Platz 1
20352 Hamburg
Telefon: 0 40/41 19-0
Telefax: 0 40/41 19-32 57
E-Mail: info@hansemerkur.de
www.hansemerkur.de

HDI Lebensversicherung AG

Schwarzer Weg 28
22309 Hamburg
Telefon: 0 40/6 32 07-02
Telefax: 0 40/6 32 07-2 03
E-Mail: info@hdi-leben.de
www.hdi.de

Helvetia Versicherungen

Berliner Straße 56–58
60311 Frankfurt
Telefon: 0 69/13 32-0
Telefax: 0 69/13 32-4 74
E-Mail: info@helvetia.de
www.helvetia.de

HUK-COBURG Lebensversicherung AG

Willi-Hussong-Straße 2
96446 Coburg
Telefon: 0 95 61/96-51 51
Telefax: 0 95 61/96-50 90
E-Mail: info@huk-coburg.de
www.huk.de

IDUNA Vereinigte Lebensversicherung aG

Neue Rabenstraße 15–19
20351 Hamburg
Telefon: 0 180 3/33 03 30
Telefax: 0 40/41 24-44 44
E-Mail: info@signal-iduna.de
www.signal-iduna.de

INTER Lebensversicherung a.G.

Erzbergerstraße 9–15
68165 Mannheim
Telefon: 06 21/4 27-4 27
Telefax: 06 21/4 27-9 44
E-Mail: info@inter.de
www.inter.de

Interamerican Hellenic Life Insurance Company SA

Niederlassung für Deutschland
Düsseldorfer Straße 19–23
60329 Frankfurt

InterRisk Lebensversicherung AG

Karl-Bosch-Straße 5
65203 Wiesbaden
Telefon: 06 11/27 87-0
Telefax: 06 11/27 87-2 22
E-Mail: info@interrisk.de
www.interrisk.de

Itzehoer Lebensversicherungs-AG

Hansestraße 10
25521 Itzehoe
Telefon: 0 48 21/7 73-0
Telefax: 0 48 21/7 32 11
E-Mail: info@itzehoer.de
www.itzehoer.de

Karlsruher Hinterbliebenenkasse AG Lebensversicherung für Beamte und Angestellte der öffentlichen Verwaltung

Friedrich-Scholl-Platz
76137 Karlsruhe
Telefon: 07 21/3 53-55 33
Telefax: 07 21/3 53-26 99
E-Mail: service@karlsruher.de
www.karlsruher.de

Karlsruher Lebensversicherung AG

Friedrich-Scholl-Platz
76112 Karlsruhe
Telefon: 07 21/3 53-55 33
Telefax: 07 21/3 53-26 99
E-Mail: service@karlsruher.de
www.karlsruher.de

Landeslebenshilfe V.V.a.G. (LLH)

Uelzener Straße 120
21335 Lüneburg
Telefon: 0 41 31/7 25-0
Telefax: 0 41 31/40 34 02
E-Mail: info@lkh.de
www.lkh.de

Lebensversicherung von 1871 a.G. München

Maximiliansplatz 5
80333 München
Telefon: 0 89/5 51 67-0
Telefax: 0 89/5 51 67-5 50
E-Mail: info@lv1871.de
www.lv1871.de

LVM Lebensversicherungs-AG

Kolde-Ring 21
48126 Münster
Telefon: 02 51/7 02-13 28
Telefax: 02 51/7 02-16 05
E-Mail: info@lvm.de
www.lvm.de

mamax Lebensversicherung AG

Augustaanlage 66
68165 Mannheim
Telefon: 08 00/62 62 92 66
Telefax: 06 21/4 57-40 45
E-Mail: service@mamax.com
www.mamax.com

Mecklenburgische Lebensversicherungs-AG

Berckhusenstraße 146
30625 Hannover
Telefon: 05 11/53 51-0
Telefax: 05 11/53 51-5 52
E-Mail: me@mecklenburgische.de
www.mecklenburgische.de

Metrolife-Emporiki Lebensversicherung AG

Glockengasse 2
50667 Köln
Telefon: 02 21/9 25 51 75

MÜNCHENER VEREIN Versicherungsgruppe

80283 München
Telefon: 0 89/51 52-10 00
Telefax: 0 89/51 52-15 01
E-Mail: info@muenchener-verein.de
www.muenchener-verein.de

Neue Bayerische Beamten Lebensversicherung AG

Thomas-Dehler-Straße 25
81737 München
Telefon: 0 89/67 87-0
Telefax: 0 89/67 87-91 50
E-Mail: info@bbv.de
www.bbv.de

neue leben Lebensversicherung AG

Sachsenkamp 5
20097 Hamburg
Telefon: 0 40/2 38 91-4 04
Telefax: 0 40/2 38 91-4 11
E-Mail: info@neueleben.de
www.neueleben.de

NÜRNBERGER BEAMTEN Lebensversicherung AG
(öffentlicher Dienst)

Ostendstraße 100
90334 Nürnberg
Telefon: 09 11/5 31-5
Telefax: 09 11/5 31-32 06
E-Mail: info@nuernberger.de
www.nuernberger.de

NÜRNBERGER Lebensversicherung AG

Ostendstraße 100
90334 Nürnberg
Telefon: 09 11/5 31-0
Telefax: 09 11/5 31-32 06
E-Mail: info@nuernberger.de
www.nuernberger.de

oeco capital Lebensversicherung AG

Karl-Wiechert-Allee 55
30625 Hannover
Telefon: 05 11/57 01-22 90
Telefax: 05 11/57 01-21 92
E-Mail: info@oeco-capital.de
www.oeco-capital.de

Öffentliche Lebensversicherung Berlin Brandenburg
(Brandenburg, Berlin)

Voltaireweg 12
14469 Potsdam
Telefon: 03 31/27 69-2 00
Telefax: 03 31/27 69-4 90
E-Mail: service@feuersozietaet.de
www.oeffentliche-leben.de

Öffentliche Versicherung Braunschweig
(ehem. Land Braunschweig)

Theodor-Heuss-Straße 10
38122 Braunschweig
Telefon: 05 31/2 02-0
Telefax: 05 31/2 02-15 00
E-Mail: service@oeffentliche.de
www.oeffentliche.de

Öffentliche Versicherungen Oldenburg
(ehem. Regierungsbezirk Weser-Ems)

Staugraben 11
26122 Oldenburg
Telefon: 04 41/22 28-0
Telefax: 04 41/22 28-4 40
E-Mail: info@oeffentlicheoldenburg.de
www.oeffentlicheoldenburg.de

ONTOS Lebensversicherung AG

Rheinlandplatz
41460 Neuss
Telefon: 0 180 3/33 31 00
Telefax: 0 180 3/33 31 01
www.ontos.de

ÖSA Öffentliche Lebensversicherung Sachsen-Anhalt
(Sachsen-Anhalt)

Am Alten Theater 7
39104 Magdeburg
Telefon: 03 91/73 67-0
Telefax: 03 91/73 67-4 90
E-Mail: service.magdeburg@oesa.de
www.oesa.de

PAX Schweizerische Lebensversicherungs-Gesellschaft (Deutschland) AG

Ostendstraße 100
90334 Nürnberg
Telefon: 09 11/5 31-5
Telefax: 09 11/5 31-32 06
E-Mail: info@nuernberger.de
www.nuernberger.de

PB Lebensversicherung AG

Neustraße 62
40721 Hilden
Telefon: 0 21 03/34-51 00
Telefax: 0 21 03/34-51 09
E-Mail: info@pb-versicherung.de
www.pb-versicherung.de

PLUS Lebensversicherungs-AG

Triftstraße 23
60528 Frankfurt
Telefon: 0 69/67 73 27-0
Telefax: 0 69/67 73 27-69
E-Mail: mail@plus-versicherungen.de
www.plus-versicherungen.de

Provinzial Nord Versicherungen

(Hamburg, Mecklenburg-Vorpommern, Schleswig-Holstein)

Sophienblatt 33
24114 Kiel
Telefon: 04 31/6 03-0
Telefax: 04 31/6 03-11 15
E-Mail: service@provinzial.de
www.provinzial.de

Provinzial Rheinland Versicherungen

(ehem. Regierungsbezirke Köln, Düsseldorf, Koblenz, Trier)

40195 Düsseldorf
Telefon: 02 11/9 78-0
Telefax: 02 11/9 78-17 00
E-Mail: service@provinzial.com
www.provinzial.com

PRUDENTIA Lebensversicherung AG

Goltsteinstraße 17
40211 Düsseldorf
Telefon: 02 11/3 55 32 36

R+V Lebensversicherung AG

Taunusstraße 1
65193 Wiesbaden
Telefon: 06 11/5 33-0
Telefax: 06 11/5 33-45 00
E-Mail: ruv@ruv.de
www.ruv.de

RheinLand Lebensversicherung AG

Rheinlandplatz
41460 Neuss
Telefon: 0 21 31/2 90-0
Telefax: 0 21 31/2 90-3 00
E-Mail: info@rheinland-versicherungen.de
www.rheinland-versicherungen.de

SAARLAND Versicherungen

(Saarland)

Mainzer Straße 32–34
66111 Saarbrücken
Telefon: 06 81/6 01-3 33
Telefax: 06 81/6 01-4 50
E-Mail: saarland@t-online.de
www.saarland-versicherungen.de

Schweizerische Lebensversicherungs- und Rentenanstalt

Niederlassung für Deutschland
Berliner Straße 85
80805 München
Telefon: 0 180 3/18 00 00
Telefax: 0 180 3/17 00 00
E-Mail: info@swisslife.de
www.swisslife.de

SECURITAS Gilde Lebensversicherung AG

Am Wall 121
28195 Bremen
Telefon: 0 180 3/22 34 42
Telefax: 04 21/30 85-3 00
E-Mail: info@secu.de
www.securitas-versicherung.de

Skandia Lebensversicherung AG

Kaiserin-Augusta-Allee 108
10553 Berlin
Telefon: 0 30/3 10 07-24 85
Telefax: 0 30/3 10 07-27 00
E-Mail: info@skandia.de
www.skandia.de

Sparkassen-Versicherung Sachsen Lebensversicherung AG
(Sachsen)

An der Flutrinne 12
01139 Dresden
Telefon: 03 51/42 35-0
Telefax: 03 51/42 35-5 55
E-Mail: E-Mail:@sv-sachsen.de
www.sv-sachsen.de

Standard Life Assurance Company

Zweigniederlassung Deutschland
Lyoner Straße 15
60528 Frankfurt
Telefon: 0 69/6 65 72-0
Telefax: 069/6 65 72-2 10
E-Mail: marketing@standardlife.de
www.standardlife.de

Stuttgarter Lebensversicherung a.G.

Rotebühlstraße 120
70197 Stuttgart
Telefon: 07 11/6 65-0
Telefax: 07 11/6 65-15 16
E-Mail: hv@stuttgarter-versicherung.de
www.stuttgarter.de

Süddeutsche Lebensversicherung a.G.

Raiffeisenplatz 5
70736 Fellbach
Telefon: 07 11/57 78-8 98
Telefax: 07 11/57 78-8 88
E-Mail: info@sueddeutsche-leben.de
www.sueddeutsche-leben.de

SV Lebensversicherung AG
(ehem. Regierungsbezirk Nord-/Südwürttemberg, Hohenzollern)

Gottlieb-Daimler-Straße 2
68165 Mannheim
Telefon: 06 21/4 54-0
Telefax: 06 21/4 54-21 00
E-Mail: service@sv-lebensversicherung.de
www.sv-lebensversicherung.de

SV SparkassenVersicherung Öffentliche Lebensversicherungsanstalt Hessen-Nassau-Thüringen
(Hessen, Thüringen, Teile von Rheinland-Pfalz)

Bahnhofstraße 69
65185 Wiesbaden
Telefon: 06 11/1 78-0
Telefax: 06 11/1 78-27 00
E-Mail: service@sparkassenversicherung.de
www.sparkassenversicherung.de

Thuringia Generali Lebensversicherung AG

Sonnenstraße 31
80223 München
Telefon: 0 180 3/28 46 66
Telefax: 0 69/15 02-20 96
E-Mail: presse@thuringia-generali.de
www.thuringia-generali.de

Uelzener Lebensversicherungs-AG

Veerßer Straße 67
29525 Uelzen
Telefon: 05 81/80 70-0
Telefax: 05 81/80 70-2 48
E-Mail: info@uelzener.de
www.uelzener.de

uniVersa Lebensversicherung a.G.

Sulzbacher Straße 1–7
90489 Nürnberg
Telefon: 09 11/53 07-0
Telefax: 09 11/53 07-16 76
E-Mail: info@universa.de
www.universa.de

VEREINIGTE POSTVERSICHERUNG VVaG
(Post, Postbank, Telekom)

Mittlerer Pfad 19
70499 Stuttgart
Telefon: 07 11/13 91-01
Telefax: 07 11/13 91-31 31
E-Mail: info@vpv.de
www.vpv.de

VGH-Versicherungen
(Bremen, Niedersachsen, ohne ehem. Regierungsbezirk Braunschweig, Oldenburg)

Schiffgraben 4
30159 Hannover
Telefon: 05 11/3 62-0
Telefax: 05 11/3 62-29 60
E-Mail: service@vgh.de
www.vgh.de

VICTORIA Lebensversicherungs-AG

Victoriaplatz 1
40198 Düsseldorf
Telefon: 02 11/4 77-0
Telefax: 02 11/4 77-22 22
E-Mail: info@victoria.de
www.victoria.de

Volksfürsorge Deutsche Lebensversicherung AG

An der Alster 57–63
20099 Hamburg
Telefon: 0 40/28 65-0
Telefax: 0 40/28 65-33 69
E-Mail: service@volksfuersorge.de
www.volksfuersorge.de

VOLKSWOHL BUND Lebensversicherung a.G.

Südwall 37–41
44139 Dortmund
Telefon: 02 31/54 33-0
Telefax: 02 31/543 3-4 00
E-Mail: info@volkswohl-bund.de
www.volkswohl-bund.de

VORSORGE Lebensversicherung AG

Walder Straße 53
40724 Hilden
Telefon: 0 21 03/58 79-95 00
Telefax: 0 21 03/58 69-93 99
E-Mail: info@vorsorge-leben.de
www.vorsorge-leben.de

VPV Lebensversicherungs-AG

Mittlerer Pfad 19
70499 Stuttgart
Telefon: 07 11/13 91-01
Telefax: 07 11/13 91-31 31
E-Mail: info@vpv.de
www.vpv.de

Westfälische Provinzial Lebensversicherung AG

(Gebiet Landschaftsverband Westfalen-Lippe)

Provinzial-Allee 1
48131 Münster
Telefon: 02 51/2 19-0
Telefax: 02 51/2 19-23 00
E-Mail: service@provinzial-online.de
www.provinzial-online.de

WGV-Schwäbische Lebensversicherung AG

Tübinger Straße 43
70178 Stuttgart
Telefon: 07 11/16 95-17 00
Telefax: 07 11/16 95-55 81
E-Mail: lv-abt@wgv-online.de
www.wgv-online.de

Württembergische Lebensversicherung AG

Gutenbergstraße 30
70176 Stuttgart
Telefon: 07 11/6 62-0
Telefax: 07 11/6 62-25 20
E-Mail: info@wuerttembergische.de
www.wuerttembergische.de

WWK Lebensversicherung a.G.

Marsstraße 37
80335 München
Telefon: 0 89/51 14-0
Telefax: 0 89/51 14-23 37
E-Mail: info@wwk.de
www.wwk.de

Zürich Lebensversicherung AG (Deutschland)

Solmstraße 27–37
60486 Frankfurt
Telefon: 0 180 3/24 24 11
Telefax: 0 69/71 15-33 70
E-Mail: akquisition.service.frankfurt@zurich.com
www.zuerich-leben.de

Stichwortverzeichnis

A

B

Impressum

Herausgeber und Verlag

Verbraucher-Zentrale Nordrhein-Westfalen e. V.
Mintropstraße 27
40215 Düsseldorf
Telefon: 0 180 5/00 14 33 (12 Cent pro Minute)
Telefax: 02 11/38 09-2 35
www.verbraucherzentrale-nrw.de

Vorstand:
Dr. Karl-Heinz Schaffartzik

STIFTUNG WARENTEST
Lützowplatz 11–13
10785 Berlin
Telefon: 0 30/26 31-0
Telefax: 0 30/26 31-25 25
www.stiftung-warentest.de

Vorstand:
Dr. jur. Werner Brinkmann
Weitere Mitglieder der Geschäftsleitung:
Hubertus Primus (Publikationen)
Prof. Dr. Carl-Heinz Moritz (Marketing, Vertrieb, Internationales)
Dr.-Ing. Peter Sieber (Untersuchungen)

Mitherausgeber
Verbraucherzentrale Bundesverband e. V. (vzbv)
Verbraucherzentrale Baden-Württemberg e. V.
Verbraucher-Zentrale Hamburg e. V.
Verbraucher-Zentrale Hessen e. V.
Verbraucher-Zentrale Niedersachsen e. V.

(→ Adressen, Seiten 140–142)

Autor
Holger Balodis

Lektorat

Verbraucher-Zentrale Nordrhein-Westfalen
Wolfgang Starke (Leitung)
Anke Adolph (Assistenz)

STIFTUNG WARENTEST
Uwe Meilahn (Leitung)

Fachliche Beratung
Beate-Kathrin Bextermöller
Heinz Brakenhoff (Verifikation)
Wolfgang Scholl
Ulrike Steckkönig

Layout und Produktion
punkt 8, Berlin

Titel
punkt 8, Berlin
Titelfoto: Getty Images/Frank Heroldt

Illustrationen
Detlef Surrey

Druck
westermann druck GmbH, Braunschweig

Einzelbestellung und Vertrieb
Bei allen Verbraucherzentralen
(→ Adressen, Seiten 141/142)

und bei STIFTUNG WARENTEST
Zenit-Pressevertrieb
Postfach 81 06 60
70523 Stuttgart
Telefon: 0 180 5/00 24 67 (12 Cent pro Minute)
Telefax: 0 180 5/00 24 68 (12 Cent pro Minute)
www.stiftung-warentest.de

Redaktionsschluss: Juli 2003